Peter Boekholt
Norbert Johannes Hofmann
Lothar Saurbier

# Auf Kurs bleiben

Peter Boekholt
Norbert Johannes Hofmann
Lothar Saurbier

# Auf Kurs bleiben

## Gottesdienste mit jungen Christen

Verlag Butzon & Bercker Kevelaer

Mitglied der »verlagsgruppe engagement«

CIP-Kurztitelaufnahme der Deutschen Bibliothek

**Boekholt, Peter:**
Auf Kurs bleiben : Gottesdienste mit jungen Christen / Peter Boekholt ; Norbert Johannes Hofmann ; Lothar Saurbier. — Kevelaer : Butzon und Bercker, 1985.
ISBN 3-7666-9400-6
NE: Hofmann, Norbert Johannes:; Saurbier, Lothar:

ISBN 3-7666-9400-6


Umschlagfoto: Hans Plönes.
Herstellung: Weiss & Zimmer AG, Mönchengladbach.

# Vorwort

Jeder Mensch lebt von Beziehungen, besonders der junge Mensch. Er braucht den anderen, mit dem er sich aussprechen, dem er seine Sorgen oder seine beglückenden Erlebnisse anvertrauen kann. Glücklich, wer solch einen Gesprächspartner hat.
Allerdings ist menschliche Kraft immer auch begrenzt. Oft muß der Jugendliche erleben, daß der Zuhörende bzw. der Gesprächspartner überfordert ist. Das ist oft eine große Enttäuschung.
Die vorliegenden Modelle für Jugendgottesdienste geben den jungen Christen eine Möglichkeit, ihre Anliegen, Sorgen und Fragen, aber auch ihr Glück und ihr Staunen über ihr Leben vor Gott zu tragen und mit ihm zu besprechen. Hier können sie in Wort und Liturgie Antworten und Orientierungen für ihr Leben neu erfahren. Der wachsenden Bereitschaft der Jugendlichen, gerade in der gemeinsamen Feier der Eucharistie ihren Glauben zu erfahren, zu bekunden und zu leben, will dieses Buch mit seinen 21 Modellen für jugendgemäße Eucharistiefeiern entgegenkommen.
Drei dieser Gottesdienste sind speziell für die Einbeziehung und Mitfeier behinderter Jugendlicher konzipiert, die gerade im Rahmen der Gestaltung vieler Gottesdienste noch zu wenig berücksichtigt werden. Nicht zuletzt haben wir versucht, Ideen und Texte so auszuwählen und zu formulieren, daß auch die älteren Gottesdienstbesucher mit Gewinn an diesen Eucharistiefeiern teilnehmen können.
Möge durch die Mitfeier dieser Jugendgottesdienste die Beziehung der jungen und auch älteren Menschen untereinander und vor allem die Beziehung mit Christus neu gestärkt und gefestigt werden.

Benediktbeuern, am Fest des hl. Johannes Bosco,
31. Januar 1985

*Peter Boekholt SDB*
*Norbert Johannes Hofmann SDB*
*Lothar Saurbier SDB*

# Inhalt

## Auf der Suche nach Anhaltspunkten



## Auf Kurs bleiben



## Volle Kraft voraus



## Und er liebt dich doch

Gottesdienste für gesunde und behinderte junge Menschen

## Hinweis zur Gestaltung der Gottesdienste

Zur lebendigen Mitfeier der Gottesdienste sollen die einzelnen Texte bzw. Textelemente möglichst von verschiedenen Jugendlichen vorgetragen werden.

Dafür eignen sich besonders:
— Kyrie bzw. Vergebungsbitte,
— Lesungen und Aktualisierungen,
— Glaubensbekenntnis,
— Fürbitten,
— die einleitenden Worte zum Vaterunser und zum Friedensgruß,
— die Meditationstexte vor und nach der Kommunion.

# Auf der Suche nach Anhaltspunkten

# Auf der Suche nach Anhaltspunkten

**Begrüßung / Eröffnung**

Liebe Jugendliche,
vor ein paar Tagen traf ich einen Jungen, der erzählte mir von seinem Urlaub in Köln. Das größte Erlebnis war für ihn, daß er sich einmal mitten in der City verlaufen hatte. Er mußte damals einen ziemlichen Schrecken bekommen haben. Die ganze Zeit war er im Kreis gegangen und hatte die Orientierung verloren. Er sagte: „Ich wußte einfach nicht mehr, wo ich war. Mir fehlte jeder Anhaltspunkt!"
Und auf einmal merkte ich, was dieser Junge da für ein wichtiges Wort gesagt hatte: *Anhaltspunkt*, ein Punkt zum Anhalten.
Was sagt uns eigentlich dieses Wort?
Wenn ihr euren Lebensweg betrachtet, werdet ihr feststellen, daß ihr immer wieder an Wegkreuzungen kommt, an denen ihr euch für eine Wegrichtung entscheiden müßt. Natürlich gibt es viele Irrwege, und wenn wir nicht aufpassen, gehen wir schnell in eine Sackgasse oder bewegen uns im Kreis, wie der Junge, von dem ich gerade erzählt habe.
Darum ist es wichtig, daß wir Menschen haben, die uns zeigen, welchen Weg wir gehen können, Menschen, die uns ein *Anhaltspunkt* sind, bei denen wir anhalten können, um unser Leben neu auszurichten.
Das ist oft gar nicht so einfach. Denn: Wem darf ich mich anvertrauen, und wer meint es ehrlich mit mir? Das sind schwierige Fragen. Und so müssen wir vorsichtig nach einer Antwort suchen.
Sollte der wichtigste *Anhaltspunkt* für uns Christen nicht Jesus Christus sein?
So lade ich euch in diesem Gottesdienst ein, Jesus Christus nach seiner Meinung zu fragen: Wie er sich selbst sieht, und welche Menschen er uns anbietet als echte *Anhaltspunkte* unseres Lebens.

**Kyrie**

Herr Jesus Christus, du hast dich an deinen Vater gehalten und immer ein Ziel vor Augen gehabt. So bist du niemals auf Abwege gekommen.
Herr, erbarme dich unser.

Wir Menschen kommen oft in die Gefahr, den Boden unter unseren Füßen zu verlieren und uns festzuklammern an Träumen und Illusionen.
Christus, erbarme dich unser.

Du bist uns der *Anhaltspunkt*, nach dem wir uns immer wieder neu ausrichten können und der uns den sicheren Weg zu Gott zeigt.
Herr, erbarme dich unser.

**Tagesgebet**

Herr, unser Gott, in einer Zeit der Orientierungslosigkeit suchen viele Menschen nach Sinn in ihrem Leben.
Jesus Christus sagt: Ich bin der Weg, die Wahrheit und das Leben.
So bitten wir dich: Mach uns auf dem Weg, der „Jesus Christus“ heißt, zu *Anhaltspunkten*, damit sich andere auf uns verlassen können und wir ihnen so den Weg zeigen zu dir.
Darum bitten wir dich durch deinen Sohn Jesus Christus, der in der Einheit des Heiligen Geistes mit dir lebt und herrscht von Ewigkeit zu Ewigkeit. Amen.

**1. Lesung**

Da antwortete Ijob und sprach:
Auch heute ist meine Klage Widerspruch;
schwer lastet seine Hand auf meinem Seufzen.
Wüßte ich doch, wie ich ihn finden könnte,
gelangen könnte zu seiner Stätte.
Ich wollte vor ihm das Recht ausbreiten,
meinen Mund mit Beweisen füllen.
Wissen möchte ich die Worte, die er mir entgegnet,
erfahren, was er zu mir sagt.
Würde er in der Fülle der Macht mit mir streiten?
Nein, gerade er wird auf mich achten.
Dort würde ein Redlicher mit ihm rechten,
und ich käme für immer frei von meinem Richter.
Geh ich nach Osten, so ist er nicht da,
nach Westen, so merke ich ihn nicht,
nach Norden, sein Tun erblicke ich nicht;

bieg' ich nach Süden, sehe ich ihn nicht.
Doch er kennt den Weg, den ich gehe;
prüfte er mich, ich ginge wie Gold hervor.
Mein Fuß hielt fest an seiner Spur,
seinen Weg hielt ich ein und bog nicht ab.
Das Gebot seiner Lippen gab ich nicht auf;
seines Mundes Worte barg ich im Herzen.
*Ijob 23,1—12*

**2. Lesung / Aktualisierung**

Gott, du mein Gott,
dich suche ich;
ausgetrocknet bin ich,
wie eine Oase ohne Wasser.

Gestern sah ich dich noch in Karin,
in ihrem Gesicht konnte ich dich genau erkennen.
Karin mit dem kranken Herzen
und dem Lachen im Gesicht,
sie war mir ein *Anhaltspunkt* im Leben,
ein Mensch,
an den ich mich halten konnte,
wenn ich nicht weiter-wußte,
und die mir den Weg zeigte zu dir.

Und dann kam heute morgen der Anruf:
es hätte Komplikationen mit der Operation gegeben.
Karin, sagten sie,
Karin hätte es nicht geschafft,
ihr Herz sei zu schwach gewesen.

Karin war doch erst 16;
sie war immer gut gewesen in der Schule
und hatte viele Freunde gehabt,
mit denen sie sich verstand.

Wie konntest du das nur zulassen?!
Du hast doch gesagt:

Ich bin der Weg, die Wahrheit und das Leben.
Nennst du das Weg und Wahrheit und Leben?!
So einen kurzen Weg!
So ein kurzes Leben!
Ist das wirklich wahr,
ist das deine Wahrheit?!

Meine Freunde lachen mich aus,
sie sagen: Zeig uns doch deinen Gott!
Wo ist er denn geblieben,
als es Karin so schlecht ging?!
Haben sie nicht recht?
Wo bist du geblieben?!
Haltlos bin ich durch die Straßen
unserer Großstadt gerannt
und habe dich gesucht.
Aber du gabst mir
keine Antwort auf mein Fragen,
keinen *Anhaltspunkt*,
keinen Menschen,
der mir sagte,
wo du zu finden bist.

Und doch gebe ich dich nicht auf,
denn ich weiß,
du kennst meinen Weg.
So will ich Ausschau halten
nach neuen *Anhaltspunkten*
und Menschen suchen
wie Karin,
an die ich mich halten kann
und die mir Richtung geben,
die mich beleben wie eine Quelle die Oase
und die mir den Weg zeigen
zu DIR.

## Evangelium

Thomas sagte zu ihm: Herr, wir wissen nicht, wohin du gehst. Wie sollen wir dann den Weg kennen? Jesus sagte zu ihm: *Ich bin der Weg und die Wahrheit und das Leben;* niemand kommt zum Vater außer durch mich. Wenn ihr mich erkannt habt, werdet ihr auch meinen Vater erkennen. Schon jetzt kennt ihr ihn und habt ihn gesehen.
Philippus sagte zu ihm: Herr, zeig uns den Vater; das genügt uns. Jesus antwortete ihm: Schon so lange bin ich bei euch, und du hast mich nicht erkannt, Philippus? Wer mich gesehen hat, hat den Vater gesehen. Wie kannst du sagen: Zeig uns den Vater? Glaubst du nicht, daß ich im Vater bin und daß der Vater in mir ist? Die Worte, die ich zu euch sage, habe ich nicht aus mir selbst. Der Vater, der in mir bleibt, vollbringt seine Werke. Glaubt mir doch, daß ich im Vater bin und daß der Vater in mir ist; wenn nicht, glaubt wenigstens aufgrund der Werke! Amen, amen, ich sage euch: Wer an mich glaubt, wird die Werke, die ich vollbringe, auch vollbringen.
*Joh 14,5—12a*

## Ansprache

Liebe Jugendliche,
jedesmal wenn ich mir ein Fußballspiel im Fernsehen anschaue, erinnere ich mich an die Kinder- bzw. Jugendzeit, in der ich mich immer sehr stark mit einem der Spieler identifiziert habe, und ich erinnere mich auch sehr genau, daß es bei meinen Kameraden ähnlich war. Die Fußballspieler waren unsere großen Vorbilder. Andere Jugendliche, besonders die Mädchen, hatten Filmschauspieler bzw. Filmschauspielerinnen oder Schlagerstars zum Vorbild — oder, wie wir im Zusammenhang mit unserem Gottesdienstthema sagen können, zu Anhaltspunkten.
Vielleicht geht es euch heute ähnlich. Jeder sucht nach einem Leitfaden für sein Leben. Allerdings habe ich in meinem Leben erfahren, und vielleicht habt ihr es auch schon selbst gespürt, daß Stars und Idole als Anhaltspunkte letztlich wenig „hergeben", was unser Leben tragen könnte. Im Gegenteil! Oft genug erfährt man, daß die Idole und Stars der Titelseiten unserer Illustrierten wenig Anhaltspunkte liefern, die unserem Alltag eine Richtung geben können; ja, oft ist es so, daß sie selber kaum mit ihrem Leben fertig werden.
Im heutigen Evangelium, in der Frohen Botschaft, erfahren wir, *wer* uns wirklich Anhaltspunkt und Orientierung sein kann; wir erfahren, wer unser Leben tatkräftig und sinnerfüllt mittragen kann: Es ist Jesus, der uns Wegbegleiter,

Wahrheitsfinder und Lebensglück sein will. Gerade in einer Zeit, die gekennzeichnet ist durch Ausweglosigkeiten, durch Unwahrheit und Lebensangst, brauchen wir jemanden, der uns bei unserem Unterwegs-Sein nicht „hängen" läßt.

*Ich bin der Weg*

Wenn Jesus uns sagt, daß er der Weg ist, dann bedeutet das für uns, daß wir bei allen Weggabelungen, bei allen Aus-weg-losigkeiten doch immer wieder einen neuen Zu-gang finden in unsere Zukunft. *Ich* bin der Weg. Für uns, liebe junge Christen, bedeutet das, daß wir unser Leben an ihm orientieren dürfen.

Er *ging* zu den Armen, zu den Einsamen und Ausgestoßenen; er ging Wege, die schmal waren, aber ein Ziel hatten, und er vermied die breiten Wege, die zwar bequem sind, aber doch nicht zum guten Ende führen.

Wenn wir also versuchen, unseren Lebensweg nach *ihm* auszurichten, so müssen wir schon *seine* Wege gehen. Wie viele Straßen unserer Zeit ermöglichen uns das: Die schmalen, oft engen Straßen zu den Menschen am Rand unserer Gesellschaft. Straßen, die nicht gepflastert oder geteert sind, weil sie so selten benutzt werden, denn kaum jemand geht auf ihnen. Straßen, die in die Hinterhöfe unserer Wohlstandsgesellschaft führen, wo Menschen vom Existenzminimum leben müssen. Diese Straßen sind ebenso schmal wie jene, die zu den Ufern der Gestrandeten führen. Jesus ging diese Wege, und er möchte uns ermuntern, daß auch wir diese schmalen Wege den breiten vorziehen. Wenn sie auch beschwerlich sein mögen, es sind Wege, die nicht ins Verderben führen, sondern ins Licht, zur Freude, zum Glück.

Gute Weg-zeichen für uns sind viele Menschen unserer Tage und auch früherer Tage, die versucht haben, mit Jesus den schmalen Weg zu gehen. Es sind Menschen, denen die Not des Nächsten nicht gleichgültig war, die ein offenes Herz für ihn hatten und ihm so zu einem Anhaltspunkt wurden für sein Leben. Könnten sie nicht auch uns ein echter Anhaltspunkt sein?

*Ich bin die Wahrheit*

Ein Phänomen nicht nur unserer Tage ist die Erfahrung und der Umgang mit der Lüge: Es gibt die bewußte Lüge, die dem anderen absichtlich Schaden zufügen möchte; es gibt aber auch häufig die vielen sogenannten „kleinen" Notlügen. Gleichgültig, welcher Art die Lügen sind, sie sind eines Menschen unwürdig und Zeichen von Feigheit und zu wenig Rückgrat.

Auch hier kann Jesus uns ein Vorbild sein: Er hätte seine Lebenssituation oft genug durch eine sogenannte Notlüge erheblich verbessern können, aber für ihn kam gar nichts anderes in Frage, als immer die Wahrheit zu sagen, auch

wenn er letztlich dafür sterben mußte. Was werden ihn seine engsten Mitarbeiter und Freunde wegen dieser Wahrheitsliebe bewundert haben!
Auch wir, liebe junge Freunde, und ich schließe mich nicht aus, sind oft versucht, uns an der Wahrheit vorbeizudrücken; dabei vergeben wir eigentlich immer dann, wenn wir das tun, etwas von unserer Menschenwürde und unserer Ebenbildlichkeit Gottes. Als Kinder wurden wir rot, wenn wir bei einer Lüge erwischt wurden. Das ist doch eigentlich interessant, daß sich die Farbe im Gesicht ändert, wenn uns jemand bei einem solchen Tun erwischt. Lüge verändert aber nicht nur die Gesichtsfarbe, Lüge verändert auch Beziehungen, zerstört Freundschaften, vernichtet die Liebe von wertvollen Menschen.
Wenn wir bewußt die Menschen unserer Tage beobachten und uns auch mit Menschen aus früherer Zeit beschäftigen, können wir feststellen, daß es auch solche gibt und gab, die — wie Jesus — für die Wahrheit Zeugnis abgelegt, für die Wahrheit auch persönliche Nachteile in Kauf genommen haben. Allerdings haben sie dadurch eine ungeheure Freiheit erfahren, die ich auch uns von ganzem Herzen wünsche.

*Ich bin das Leben*

Liebe junge Christen, wenn ich euch jetzt von einem Erlebnis berichte, das mich tief bewegt hat, dann tue ich es nicht der vermeintlichen Sensation wegen, sondern weil ich glaube, daß es gut für uns alle ist, etwas darüber nachzudenken.
Ein junger Mensch, den ich vor einigen Wochen traf, wollte, wie er sagte, aus dem Leben „aussteigen". Alles war ihm zuviel geworden: Beruf, Freundin, Elternhaus, Beziehung zu Gott . . . Nichts mehr konnte sein Leben erfreuen. Innere und äußere Leere kennzeichneten seinen Alltag.
Manche von euch werden ähnliche Menschen kennen. Da ist es sicher mit ein paar frommen Sprüchen nicht getan. Da ist kaum noch ein Weg sichtbar, und da ist Leben oft ohne Sinn und Orientierung. Ich frage mich auch selber manchmal: Was ist eigentlich der tiefe Sinn des Lebens. Erfolg, gute Menschen um einen herum, gute Gesundheit usw. . . ., das allein kann ein Leben letztlich nicht tragen, auch wenn dies alles sehr hohe Werte sind.
In dieser Frage gibt uns das heutige Evangelium einen echten Hinweis: *Ich* bin das Leben. Das bedeutet doch, daß wir unser Leben nach *seinem* Leben ausrichten sollen. Sein Leben war alles andere als erfolgreich, wenigstens äußerlich gesehen. Er starb am Kreuz! Das bedeutet: Er ist letztlich, menschlich gesehen, gescheitert. Und dennoch hat er durch sein Leben und Sterben die Menschen erlöst vom ewigen Tod. Er hat allen die Hoffnung auf ein ewiges Leben geschenkt. Was rein äußerlich als Scheitern angesehen werden muß, nämlich sein Tod am Kreuz, hat dennoch so unendlich viel gebracht!

Hier liegt für mich, für uns eine sinnvolle Antwort auf die vielen Lebensprobleme unserer Zeit: Auch wenn uns vieles eben nicht gelingt, auch wenn wir oft resignieren und aufgeben möchten, hat unser Leben doch einen tiefen Sinn, auch wenn wir ihn nicht immer deutlich erspüren können. Der Sinn ist, daß wir, wie Christus, mit unserem Leben anderen wieder Sinn und Hoffnung geben können.
Wenn es uns gelingt, nicht immer um unser Ich zu kreisen, und wenn wir versuchen zu erforschen, wo der andere unsere Hilfe, unsere Freundschaft braucht, dann bekommt der triste Alltag oft wieder leuchtendere Farben. Wenn ich spüre, daß ich *Anhaltspunkt* sein darf, das heißt Lebensstation, bei der ein anderer an-halten darf, sich aussprechen darf, wieder neuen Mut finden darf, dann hat mein junges Leben einen großen Sinn. Wir brauchen unser Leben nicht, wie Jesus es tat, für die anderen hinzugeben, aber wir können auch etwas aus unserem Leben an andere verschenken. Jeder von uns hat Fähigkeiten, die ein anderer nicht hat und um die uns ein anderer beneidet: Bei dem einen ist es der Lebensoptimismus, beim anderen die Art und Weise, wie er mit den Schwierigkeiten umgeht, bei einem dritten kann es der rechte „Durchblick“ sein, der einem anderen fehlt.
Überlegt einmal, *wo* jeder einzelne seine Stärken hat und wie er sie dem Nächsten zugängig machen kann. Wer so sein Leben auf-teilt oder ver-teilt, wird dabei so viel Freude und so viel Glück und Lebenssinn erfahren, daß er auf seinem „Weg zum Vater“ nicht umkommt in der Oberflächlichkeit unserer Zeit.

## Zum Glaubensbekenntnis

Ich glaube an Jesus Christus,
der meinen Weg kennt
und die Wege aller Menschen,
der mich da abholt, wo ich stehe,
und nicht auf sich warten läßt,
zu dem ich immer kommen kann,
wann ich will,
und der mich nicht festhält,
der mich nimmt, wie ich bin,
und der mich niemals aufgibt.

Diesem Jesus ist kein Weg zu lang
und jede Zeit recht,

um mich zu treffen,
denn ich bin ihm wichtig.

Darum gehe ich auf die Suche nach ihm,
weil er gar nicht so weit weg sein kann.

**Fürbitten**

Herr, unser Gott, in unserem Glauben an dich gibst du uns einen festen Standpunkt, der anderen Orientierung werden kann. So bitten wir dich:

— Für alle Menschen, die kein Ziel vor Augen haben. Laß sie durch uns den Weg zu dir entdecken.
  Herr, laß uns Anhaltspunkt sein.
— Für alle Menschen, die Angst haben, sich für eine Wegrichtung zu entscheiden. Gib ihnen Mut, damit sie ihr Leben Schritt für Schritt wagen können.
  Herr, laß uns Anhaltspunkt sein.
— Für alle Menschen, die orientierungslos in den Straßen ihres Lebens umherirren. Laß uns ihnen ein Anhaltspunkt sein, damit sie den Sinn ihres Lebens finden.
  Herr, laß uns Anhaltspunkt sein.
— Für alle Menschen, die „ausgerastet" sind und „durchdrehen" mitten in ihrem Lebenskreis. Laß uns mutig auf sie zugehen und sie festhalten ohne Angst, mitgerissen zu werden.
  Herr, laß uns Anhaltspunkt sein.
— Für die Drogenabhängigen, die keine Kraft haben, allein aus ihrem Teufelskreis herauszukommen. Laß uns ihnen zu Freunden werden, an die sie ihr Leben neu binden können.
  Herr, laß uns Anhaltspunkt sein.
— Für die Behinderten, die nur langsam vorwärtskommen. Laß uns nicht stur an ihnen vorbeigehen, sondern immer eine helfende Hand und ein gutes Wort für sie haben.
  Herr, laß uns Anhaltspunkt sein.
— Für unsere Eltern, die uns schon eine lange Zeit als Anhaltspunkte auf unserem Weg begleiten. Laß uns auf das hören, was sie uns zu sagen haben.
  Herr, laß uns Anhaltspunkt sein.
— Für alle Christen, daß wir ein Herz und eine Seele sind und so zu einem Netz von Anhaltspunkten für die ganze Welt werden.
  Herr, laß uns Anhaltspunkt sein.

Wir alle suchen nach einem Lebenssinn, aber alleine schaffen wir es nicht. Sei du uns Anhaltspunkt auf der Suche nach einem eigenen Standpunkt und auf dem Weg zum Vater. Amen.

## Gabengebet

Heiliger Gott, du weißt, wohin der Weg unseres Lebens führt. Zu deinem Lobpreis und zu deiner Ehre und Freude feiern wir heute gemeinsam dieses Opfermahl. Wir denken dabei auch an alle Heiligen im Himmel, besonders an unsere Namenspatrone, die uns durch ihr Leben leuchtende Orientierungs- und Anhaltspunkte sind. Sie geben uns auch den Mut, der Botschaft Christi zu folgen und gemeinsam das christliche Leben zu wagen. Amen.

## Zum Vaterunser

Laßt uns einander die Hände reichen als Zeichen dafür, daß wir uns gegenseitig Anhaltspunkt sein wollen im Glauben an Christus. In dieser Verbundenheit beten wir, wie uns der Herr selbst zu beten gelehrt hat: Vater unser . . .

## Zum Friedensgruß

Als Zeichen des Friedens seid nun euren Nachbarn ein Anhaltspunkt und sagt ihnen, wie ihr zu ihnen steht. Reichen wir uns so einander die Hände zum Frieden und zur Versöhnung.

## Nach der Kommunion

ein mensch
rastet aus
dreht durch
mitten
in seinem
lebenskreis
abgerissen
von den
bindungen

der zeit
streckt
seine
hände
aus
sucht
nach
halt
und

findet
einen
an-
halts-
punkt
ein
du
das
hält

an-
hält
fest-
hält

ein
mensch
wird
heraus-
gerissen
aus
dem
kreis
der
halt-
losigkeit
und
lernt
von neuem
sein
leben
binden

**Schlußgebet**

Guter Gott, laß uns Menschen zu einem Netz von Anhaltspunkten werden und uns gegenseitig immer wieder neu die Richtung weisen, damit wir nicht durchdrehen in den Teufelskreisen der Zeit, sondern damit wir einen klaren Kopf und einen sicheren Fuß behalten, damit wir auf dem wahren und lebendigen Weg Jesus Christus bleiben und so unserem Ziel immer näher kommen, das Gott selbst ist. Amen.

**Sendung / Segen**

Liebe junge Christen, wir haben in diesem Gottesdienst nach Anhaltspunkten für unser Leben gesucht. Das Leben Jesu und das Leben guter, vorbildlicher Menschen können uns Orientierungshilfen und Anhaltspunkte für unser Leben sein.
Ich wünsche euch und mir aber auch die glückliche Erfahrung, daß wir selber manchmal zum Anhaltspunkt werden für andere. So wie wir suchen auch andere (junge) Menschen nach ihrem Lebensweg in mancher Aus-weg-losigkeit. Jeder kann sich mal verirren, manchmal geht das sogar sehr schnell. Wie ermutigend ist es gerade dann, wenn wir einen Anhaltspunkt finden, der uns zeigt, wie und wo es weiter geht.
Versucht in der Welt, in der ihr lebt, Anhaltspunkt zu sein für solche Menschen, die die Richtung oder die Orientierung verloren haben.
Es segne euch der allmächtige Gott, der Vater, der uns alle liebt, der Sohn, der unser Weg, unsere Wahrheit und unser Leben ist und der Heilige Geist, der uns Kraft verleiht, einander zu lieben. Amen.

**Gestaltungshinweise**

- Vor, während oder nach dem Gottesdienst können Anhalts-punkte bekanntgegeben werden, *wo* die Jugendlichen und auch der Priester und die übrigen Gottesdienstbesucher auf dem Gang durch die Gemeinde einmal „an-halten" müßten, um einen bestimmten Menschen oder eine gemeinsame Veranstaltung wieder einmal zu besuchen.

- Im Gottesdienstraum können Lebensbeschreibungen von Heiligen (Namenspatrone) ausgelegt werden, die als Anhaltspunkte für das Leben derer dienen können, die die entsprechenden Namen tragen.

# Aussteigen — eine Alternative?

## Begrüßung / Eröffnung

Liebe junge Mitchristen,
wenn in der Schule oder am Arbeitsplatz manches nicht so läuft, wie wir es gerne hätten, und wenn nicht nur wir selbst die Schuld daran haben, sondern vor allen Dingen in den äußeren Umständen die Ursache zu suchen ist, dann stehen wir manchmal am Abgrund der Resignation.
Unter den äußeren Umständen ist in diesem Zusammenhang vor allem das gesellschaftliche und wirtschaftliche System gemeint, in das wir — wie in ein Korsett — hineingezwängt werden. Kennzeichnend für dieses System ist die unbestreitbare Ausrichtung auf Leistung und Profit. Nicht mehr der Mensch scheint zu zählen, sondern nur seine Leistung — das äußert sich dann in Leistungsdruck, Konkurrenzdenken und belastendem Streß.
Kein Wunder, daß da manchmal der Gedanke auftaucht, aus „dem ganzen Laden auszusteigen" und sich die Freiheit zu nehmen, sich diesem System mit einem entschiedenen „Nein" entgegenzustellen, um ein alternatives Leben zu führen, das den Leistungsdruck auf ein Minimum reduziert. Gleichzeitig aber werden wir diesem Gedanken gegenüber skeptisch, weil ein Leben außerhalb der gesellschaftlichen Normen nicht nur riskant zu sein scheint, sondern weil uns viele Entfaltungsmöglichkeiten und Aufstiegschancen genommen sind.
Unsere Gesellschaft funktioniert eben nun einmal nach einem bestimmten System, das von uns Anpassung verlangt, und wer dies nicht zu leisten bereit ist, steht außerhalb und kann nicht erwarten, daß er vorwärtskommt und Karriere macht. Das Leistungsprinzip kennzeichnet die freie Marktwirtschaft und somit auch die gesellschaftliche Wirklichkeit. Aber ist die Leistung alles?
Auch wenn wir nicht die Leistungen bringen, die man von uns erwartet, so sind wir doch voll und ganz Mensch. Ist etwa ein Behinderter, der in seinem Leistungsvermögen beeinträchtigt ist, nur ein Mensch zweiter Klasse? Auch wenn ungenügende Leistungen das Leben eines Menschen kennzeichnen, so muß er doch von Grund auf akzeptiert und ernstgenommen werden.
Gott schaut nicht in erster Linie auf die Leistungen des Menschen und beurteilt ihn nicht danach, was er zuwege gebracht hat, sondern bei ihm ist jeder von vornherein angenommen. Von uns verlangt er keine großartigen Taten, sondern ihm kommt es auf unseren Glauben an. Wenn wir den Glauben mit

unseren Leistungsmaßstäben messen wollen, so müssen wir feststellen, daß das gar nicht geht, sonst würden wir den Glauben verzerren und ihn von rein menschlichen Vorstellungen abhängig machen. Gott verlangt von uns Glauben, er beurteilt uns nicht nach unseren Leistungen, er durchbricht das Leistungsprinzip.

## Kyrie

Unser Glaube ist oft bedroht und gefährdet. Es fällt uns gar nicht so leicht, für Christus und seine Botschaft Zeugnis zu geben. Aus diesem Grund bitten wir unseren Gott um Nachsicht:

Christus, Sohn Gottes, du forderst uns zum Glauben an deinen Vater auf.
Herr, erbarme dich unser.

Christus, Sohn Gottes, du forderst uns zum Glauben an das Reich Gottes auf.
Christus, erbarme dich unser.

Christus, Sohn Gottes, du forderst uns zum Glauben an die Liebe deines Vaters auf.
Herr, erbarme dich unser.

Unser Gott ist ein Gott, der uns immer wieder seine Verzeihung schenkt, wenn wir seine Forderungen außer acht lassen. Seinen Forderungen gehen aber immer Zusagen an uns voraus. Er verlangt von uns nicht zuerst Leistungen, sondern er schenkt uns die Gewißheit, daß er mit uns ist und wir bei ihm etwas zählen. Amen.

## Tagesgebet

Mächtiger Gott, du urteilst nicht über Menschen nach unseren menschlichen Maßstäben, bei dir hat jeder eine Chance, auch wenn er keine Leistung bringt. Dir geht es um jeden einzelnen von uns, du läßt jedem seine Einmaligkeit und Einzigartigkeit. Das kann uns froh machen, so daß wir ein Leben ohne Leistungsdruck führen können. Dafür danken wir dir in Christus, unserm Herrn. Amen.

**Lesung**

Paulus schreibt an die Gemeinde in Korinth, daß nicht die eigene Leistung bei der Verkündigung des Evangeliums zählt, sondern die durch Christus bewirkte Unterstützung. So kann er sagen, daß man sich nicht selbst rühmen darf, sondern sich des Herrn rühmen soll.

Wir rühmen uns also nicht maßlos und mit fremden Leistungen; aber wir haben die Hoffnung, wenn euer Glaube stärker wird, vor euren Augen über das uns (bisher) gesetzte Maß weit hinauszuwachsen und die Heilsbotschaft über eure Grenzen hinauszutragen. Nach einem fremden Maßstab und auf einem Feld, das schon bestellt ist, wollen wir keinen Ruhm ernten.
Wer sich also rühmen will, der rühme sich des Herrn. Denn nicht wer sich selbst empfiehlt, ist anerkannt, sondern der, den der Herr empfiehlt.
*2 Kor 10,15–18*

**Dialogszene zum Thema „Aussteigen"**

*Sprecher 1:*
Ich halt' das nicht mehr aus, ständig werden nur Forderungen an mich gestellt! In der Schule zählt nur Leistung, Leistung und nochmal Leistung! Selbst meine Eltern beurteilen mich schon nach meinen schulischen Leistungen. Was aber noch schlimmer ist: Diese Art der Beurteilung setzt sich schon bei meinen Freunden fest, sie übernehmen blind diese Maßstäbe! Ich hab' den ständigen Streß, den ewigen Leistungsdruck satt! Ich will mich nicht in diesen Strudel hineinziehen lassen und dann selbst eine Marionette in diesem Theater werden! Ich steig' aus, ich mach' da nicht mehr mit!
*Sprecher 2:*
Du, manchmal steht mir die Schule und das ganze Leistungsdenken auch bis zum Hals. Dann möchte ich am liebsten abhauen — auf und davon! Auch ich denke manchmal ans Aussteigen, wenn mir alles auf den Geist geht. Dann aber muß ich mir eingestehen, daß ich eigentlich zu feige dazu bin. Außerdem sind damit viele Probleme und Fragen verbunden.
*Sprecher 1:*
Was denn für Probleme und Fragen? Ich bleibe dabei: einfach aussteigen und seinen Unmut über die bestehenden Verhältnisse offen zeigen, ein neues Leben beginnen!
*Sprecher 2:*
Nur mußt du eines bedenken: Wer irgendwo aussteigt, muß auch wieder ir-

gendwo ein-steigen! Dadurch, daß man einfach mit den bestehenden Verhältnissen bricht und alles kritisiert — vielleicht sogar öffentlich in Demonstrationen und Meetings —, hat man zwar gezeigt, daß man anderer Meinung ist, die eigene Meinung, der eigene Standpunkt ist dabei aber noch nicht herausgestellt. Aussteigen ohne erneutes Einsteigen gibt es nicht, und dann kommt es darauf an, die richtige Richtung einzuschlagen.

*Sprecher 1:*

Die „richtige Richtung", was ist die „richtige Richtung"? Heute besteht doch geradezu ein übersättigter Markt von Weltanschauungen!

*Sprecher 2:*

Ja, das ist es ja! In dem Gewühl verschiedener Weltanschauungen fällt es immer schwerer, durchzublicken und sich zu orientieren. Es ist ganz wichtig, *richtig* einzusteigen, damit sich nicht wieder die gleichen Enttäuschungen ergeben. Aber eines muß uns auch klar sein: Vor den gesellschaftlichen Verhältnissen können wir nie ganz fliehen, weil wir selbst ein Kind dieser Gesellschaft sind und von ihr geprägt sind. Es muß uns darum gehen, die richtige Einstellung den äußeren Bedingungen gegenüber zu entwickeln und danach zu handeln. Denn eine alternative Lebensauffassung ohne Taten bleibt leeres Gerede.

*Sprecher 1:*

Irgendwie hast du schon recht. Das, was wir in unserer Erziehung mitbekommen haben, können wir nie ganz abschütteln, und deshalb können wir nie ein neues Leben am absoluten Nullpunkt beginnen. Aber irgendwie müssen wir doch anfangen, diese Welt zu verändern, die bestehenden Maßstäbe auf den Kopf zu stellen, eine menschlichere Welt zu schaffen!

*Sprecher 2:*

Ja, das müssen wir, und wir haben auch ein Lebensprogramm bekommen, wie wir das anpacken können. Als Christen haben wir unser Vorbild in Christus, und der hat uns nicht nur gezeigt, wie gelungenes Mensch-sein geht, sondern in der Gottes- und Nächstenliebe auch eine Leitlinie gegeben, wie wir Fortschritte machen können. Nur die Liebe vermag eine Revolution zu entzünden, die alles auf den Kopf stellt und menschenwürdigere Zustände herbeiführt.

*Sprecher 1:*

Du meinst also, die Alternative heißt Christus und sein Lebensprogramm für uns. Aus-steigen und ein-steigen auf ihn?!

*Sprecher 2:*

Das ist unsere Chance! Wenn wir beginnen, christliche Grundsätze überzeugt zu leben, und sie in unserem Tun auch sichtbar machen, dann sind wir auf dem besten Weg, die Menschen und die Welt zu verändern. So wie Christus nicht auf unsere Leistungen schaut, so müssen auch wir lernen, die anderen nicht nach ihren Leistungen zu beurteilen. Christus hat uns als Menschen angenommen, auch für uns gilt dann diese Devise: Aussteigen? Ja, einsteigen auf Christus!

**Evangelium**

Maria preist die Größe des Herrn, der alles auf den Kopf stellen kann, der sich der Armen und Niedrigen annimmt:

Meine Seele preist die Größe des Herrn,
und mein Geist jubelt über Gott, meinen Retter.
Denn auf die Niedrigkeit seiner Magd hat er geschaut.
Siehe, von nun an preisen mich selig alle Geschlechter.
Denn der Mächtige hat Großes an mir getan,
und sein Name ist heilig.
Er erbarmt sich von Geschlecht zu Geschlecht
über alle, die ihn fürchten.
Er vollbringt mit seinem Arm machtvolle Taten:
Er zerstreut, die im Herzen voll Hochmut sind;
er stürzt die Mächtigen vom Thron
und erhöht die Niedrigen.
Die Hungernden beschenkt er mit seinen Gaben
und läßt die Reichen leer ausgehen.
Er nimmt sich seines Knechtes Israel an
und denkt an sein Erbarmen,
das er unsern Vätern verheißen hat,
Abraham und seinen Nachkommen auf ewig.
*Lk 1,46–55*

**Fürbitten**

Wir wollen unserem Gott unsere Bitten vortragen. Er hat andere Maßstäbe als wir, doch immer geht es ihm um unser Wohlergehen:

— Schenke allen, die sich dir verschrieben haben und sich für eine menschlichere Welt einsetzen, deinen Geist, und bestärke sie in ihrer Arbeit.
— Sie allen nahe, die vom Leben schwer enttäuscht wurden und keine Hoffnung mehr haben, gib ihnen neuen Mut.

– Ermutige alle Priester und Ordensleute, daß sie für dich lebendiges Zeugnis geben und dein Lebensprogramm glaubhaft verkündigen können.
– Führe die den rechten Weg, die alternativen Bewegungen folgen und glauben, sich in dieser Welt ein Paradies einrichten zu können.

Erhöre unsere Bitten, und begleite uns auf unserem weiteren Lebensweg mit Christus, unserm Herrn. Amen.

### Gabengebet

Gütiger Vater, uns fällt es nicht leicht, ein Opfer für andere zu bringen, dein Sohn aber hat sich für uns am Kreuz ganz aufgeopfert, weil er uns liebte. Die Gaben, die wir dir nun bringen, sollen uns die Liebestat deines Sohnes vergegenwärtigen. Er will uns in diesen Gaben nahe kommen und uns in seiner Gegenwart neuen Mut schenken, heute und immer. Amen.

### Zum Vaterunser

Wenn wir uns auf die „Alternative Christus“ einlassen, dann gelten uns seine Zusagen vom nie endenden Leben bei seinem Vater. Zu ihm dürfen wir beten, ihm dürfen wir uns anvertrauen: Vater unser . . .

### Zum Friedensgruß

Christus hat uns seinen Frieden zugesagt, er hat uns seine Gegenwart im Heiligen Geist versprochen. Deshalb sind wir nie allein und dürfen uns seiner Hilfe immer sicher sein. So wünsche ich euch allen:
Der Friede des Herrn sei allezeit mit euch!

### Nach der Kommunion

Wir brauchen einen,
der uns die Richtung weist,
der uns Orientierung geben kann,
der uns Wege zu einer besseren Welt aufzeigt.

Wir brauchen einen,
auf den zu hören sich lohnt,
der keine eigennützigen Parolen propagiert,
der uns kennt und unsere Sehnsüchte erfüllen kann.

Wir brauchen einen,
der die Welt auf den Kopf stellt,
der neue Maßstäbe an den Tag legt,
der die Revolution der Liebe einleitet.

Wir brauchen dich, Christus!

## Schlußgebet

Allmächtiger Gott, du hast uns in Christus ein Vorbild geschenkt. Schenke uns immer wieder neue Kraft, ihm nachzufolgen, seine Grundsätze in unserem Leben zu verwirklichen! Dazu sei uns dieses Mahl, das wir gefeiert haben, eine Kraftquelle für unser tägliches Leben. Das erbitten wir in Christus, unserm Herrn. Amen.

## Sendung / Segen

Es ist sicher nicht einfach, aus den gängigen Lebensverhältnissen aus-zusteigen und auf Christus ein-zusteigen. Dennoch ist das unsere Chance, eine menschlichere Welt aufzubauen. Dazu brauchen wir aber die Mithilfe Gottes und seinen Segen. So segne uns der gute Gott, der Vater, der Sohn und der Heilige Geist. Amen.

# Die Welt mit neuen Augen sehen

**Begrüßung / Eröffnung**

Liebe Jugendliche,
auf einem Jahrmarkt wurden neben vielen anderen Spielsachen auch besondere Brillen angeboten. Setzte man eine solche auf, so sah man alles in einer bestimmten Tönung. Es gab Brillen, die es dem Betrachter ermöglichten, alles rötlich eingefärbt zu sehen. Man glaubte beim Tragen einer derartigen Brille, daß über Menschen und Dinge eine rote Farbe ausgeschüttet worden sei. Je nach Wahl der Brille konnte man sich auch an einer bläulich oder gelblich eingefärbten Welt erfreuen — es bestanden mehrere Möglichkeiten zur Weltgestaltung.
In diesem Zusammenhang kann eine Frage an uns gestellt werden, die wir die Welt scheinbar so sehen, wie sie ist: Sind wir wirklich frei von solchen Brillen, die uns eine gefärbte und damit verzerrte Wirklichkeit bieten? Wenn wir ehrlich sind, trägt doch jeder seine Brille, denn jeder hat eine bestimmte Art, seine Mitmenschen und die ihm begegnenden Dinge zu sehen. Manches können wir mit unserer Brille nicht sehen, manches wollen wir vielleicht auch nicht sehen. Und das Komplizierte an dieser Angelegenheit ist, daß wir Menschen keine Einheitsbrillen tragen, sondern daß es eine ungeheuere Vielfalt von Sichtweisen gibt.
*Eine* Art, die Dinge zu betrachten, ist die Sicht des Glaubens, denn er eröffnet neue Zugänge zur Wirklichkeit, er kann uns bisher unbekannte Dimensionen aufzeigen. Der gläubige Mensch sieht die Welt anders, er begreift sich in der Hand des Schöpfers und kann daher unbefangener sein Leben gestalten. Wieso setzen wir nicht öfter die Brille des Glaubens auf und sehen dadurch die Welt in einem neuen Licht?
Dieser Gottesdienst soll eine Einladung sein, über seinen eigenen Brillenrand hinauszuschauen und die eigene Situation im Licht des Glaubens neu zu überdenken.

'88

## Kyrie

Weil wir vieles danach beurteilen, was es uns bringt und welchen Vorteil wir selbst davon haben, dabei aber oft die Sichtweise des Glaubens außer acht lassen, bitten wir Gott um seine Zuneigung und sein Erbarmen:

Herr und Gott, du willst uns die Augen öffnen für dich und dein Wirken in dieser Welt.
Herr, erbarme dich.

Herr und Gott, du willst uns die Augen öffnen für das Not-wendige und Wesentliche in unserem Leben.
Christus, erbarme dich.

Herr und Gott, du willst uns die Augen öffnen für die Ängste, Sorgen und Nöte unserer Mitmenschen.
Herr, erbarme dich.

Unser Gott möge uns sein Erbarmen schenken und uns immer wieder aufrütteln, die Welt mit neuen Augen zu sehen. Amen.

## Tagesgebet

Gütiger Gott, dein Sohn hat unter uns gelebt, um uns sehend zu machen für dein machtvolles Wirken in dieser Welt. Er wollte aber auch unseren Blick weiten für eine neue, kommende Welt, an der du uns teilhaben lassen willst. Das zeigt, wie viel wir dir wert sind und wie sehr du uns verbunden bist. Das wollen wir nie vergessen. Amen.

## Lesung

Stückwerk ist unser Erkennen, Stückwerk unser prophetisches Reden; wenn aber das Vollendete kommt, vergeht alles Stückwerk. Als ich ein Kind war, redete ich wie ein Kind, dachte wie ein Kind und urteilte wie ein Kind. Als ich ein Mann wurde, legte ich ab, was Kind an mir war. Jetzt schauen wir in einen Spiegel und sehen nur rätselhafte Umrisse, dann aber schauen wir von Angesicht zu Angesicht. Jetzt erkenne ich unvollkommen, dann aber werde ich durch und durch erkennen, so wie ich auch durch und durch erkannt worden bin.

Für jetzt bleiben Glaube, Hoffnung, Liebe, diese drei; doch am größten unter ihnen ist die Liebe.
*1 Kor 13,9—13*

## Zwischengesang / Psalm

Herr, du hast mich erforscht, und du kennst mich.
Ob ich sitze oder stehe, du weißt von mir.
Von fern erkennst du meine Gedanken.
Ob ich gehe oder ruhe, es ist dir bekannt;
du bist vertraut mit all meinen Wegen.
Noch liegt mir das Wort nicht auf der Zunge —
du, Herr, kennst es bereits.
Du umschließt mich von allen Seiten
und legst deine Hand auf mich.
Zu wunderbar ist für mich dieses Wissen,
zu hoch, ich kann es nicht begreifen.
Wohin könnte ich fliehen vor deinem Geist,
wohin mich vor deinem Angesicht flüchten?
Steige ich hinauf in den Himmel, so bist du dort;
bette ich mich in der Unterwelt, bist du zugegen.
Nehme ich die Flügel des Morgenrots
und lasse mich nieder am äußersten Meer,
auch dort wird deine Hand mich ergreifen
und deine Rechte mich fassen.
Würde ich sagen: „Finsternis soll mich bedecken,
statt Licht soll Nacht mich umgeben",
auch die Finsternis wäre für dich nicht finster,
die Nacht würde leuchten wie der Tag,
die Finsternis wäre wie Licht.
*Ps 139,1—12*

## Evangelium

Sie kamen nach Betsaida. Da brachte man einen Blinden zu Jesus und bat ihn, er möge ihn berühren. Er nahm den Blinden bei der Hand, führte ihn vor das Dorf hinaus, bestrich seine Augen mit Speichel, legte ihm die Hände auf und fragte ihn: Siehst du etwas? Der Mann blickte auf und sagte: Ich sehe Men-

schen; denn ich sehe etwas, das wie Bäume aussieht und umhergeht. Da legte er ihm nochmals die Hände auf die Augen; nun sah der Mann deutlich. Er war geheilt und konnte alles ganz genau sehen. Jesus schickte ihn nach Hause und sagte: Geh aber nicht in das Dorf hinein!
*Mk 8,22—26*

**Aktualisierung**

als jesus
den blinden heilte
da ist er ganz nahe
an den blinden herangegangen
und dann hat jesus ihn angeschaut
und dann hat er ihm eine brille
nach der anderen
von der nase
von den augen genommen
eine falsche brille nach der anderen
die milieubrille
die parteibrille
die kirchliche brille
die brille mit diesem vorurteil
die brille mit jenem vorurteil
und danach mußte jesus
noch näher herantreten
und dem blinden
noch ein paar richtige häute
von den augen ziehen
denn manches vorurteil
war schon an den
augäpfeln festgewachsen
und dann
hat jesus den mann wieder angeschaut
ganz tief
bis auf den grund
und dann brach ein quell hervor
aus den augen des mannes
er weinte
das war seine rettung

seine letzte rettung
und dieser quell
der aus seinen augen hervorbrach
spülte den letzten dreck aus seinen augen ▸
den stolz und das nichtsehenwollen
was ja bekanntlich
das sehen am meisten behindert
und der blinde erkannte in jesus
einen menschen
einen wirklichen menschen
der sehen kann
ganz tief sehen
und vor allem auch
übersehen
und einsehen und dann
konnte der blinde mann wieder sehen
als er einen menschen gesehen hatte
der sehen konnte
der ihn richtig sehen konnte
*Wilhelm Willms*

## Gedanken zu Evangelium und Aktualisierung

„So einen Jesus wünschte ich mir, der meinem Vater so manche Vorurteile wie Abziehbilder von den Augen ziehen kann, wenn es um seine Einstellung zu meinen Freunden geht. Er sieht nur so, wie er sehen will, und meint, sie würden einen schlechten Einfluß auf mich ausüben." — Die Reaktion eines 16jährigen auf diese Darstellung der Blindenheilung. Im Hintergrund dieser Äußerung steht letzten Endes das Gefühl, nicht ernstgenommen zu werden oder auch unnötig bevormundet zu werden. Man merkt, daß es am gegenseitigen Verständnis fehlt und daß jeder durch seine eigene Brille schaut.
Der Vorwurf des Jugendlichen an seinen Vater richtet sich aber nur gegen dessen Voreingenommenheit, nimmt die „Brille", das heißt die Sichtweise, des Vaters ins Blickfeld. Dabei vergißt er, daß auch er eine „Brille" trägt, die ihn in eine bestimmte Richtung festlegt. Wenn beide zueinander kommen wollen, müssen sie eben über den Rand ihrer je eigenen Brille hinausschauen, müssen sie sich unvoreingenommen in die Augen blicken und begegnen. Dann erst kann Verständnis für die Lage des andern aufkommen, dann erst ist es möglich, aufeinander zuzugehen.

Jesus möchte uns helfen, den Mitmenschen in einem neuen Licht zu sehen, und deshalb will er uns die Brillen der Selbstsucht nehmen. So erst werden wir fähig, den andern frei von unseren eigenen Maßstäben zu sehen. Wie schnell sind wir oft im Beurteilen, ja im Ab-urteilen des andern, der uns unsympathisch und fremd ist — und nur deshalb, weil wir unsere Brille für die einzig richtige halten.
Jesus aber möchte unser Blickfeld öffnen und weiten, er möchte uns empfänglich machen für eine neue Sicht der Dinge. Sein Maßstab ist das Dienen, das Schauen auf die Nöte der Mitmenschen. Er spielt sich nicht als Herr auf, sondern setzt sich für die Ärmsten und Niedrigsten ein. Er sieht den Nächsten nicht im Horizont seiner eigenen gefärbten Brille, sondern reagiert auf ihn, wie es ihm entspricht — er gibt ihm, was er braucht.
Damit zeigt uns Jesus ein Lebensgeheimnis auf, das nur der begreift, der sich im Dienst am Mitmenschen auf ihn einläßt. Denn wer sich selbst verschenkt im Dasein für den Nächsten, der empfängt selbst in vielfältiger Weise. Erst wenn wir für andere uns einsetzen, bekommt unser Leben einen tieferen Sinn. Lassen wir uns also von Jesus die Brille der Selbstsucht wegnehmen, damit wir uns auf die Mitmenschen vorurteilsfrei einlassen können.

**Fürbitten**

Herr, unser Gott, du siehst, was wir brauchen und was wir nötig haben. Deshalb kommen wir zu dir:

- Öffne allen die Augen, die nicht auf dich vertrauen, sondern allein in Wissenschaft und Technik ihr Heil suchen, und führe sie zu dir.
- Schenke allen Mut, die von Krankheit und Leiden gezeichnet sind, und tröste sie durch deine Zusagen.
- Schenke allen Beharrlichkeit und Ausdauer, die in Religionsunterricht und Jugendarbeit deine Botschaft verkünden.
- Öffne allen die Augen, die nur auf ihren eigenen Wohlstand bedacht sind und nichts für die Menschen in der dritten Welt übrig haben.

Zu dir dürfen wir immer kommen, denn du hast dich uns als einer offenbart, der ganz für uns da sein will — gestern, heute und morgen. Amen.

## Gabengebet

Unser Gott und Vater, mit diesen Gaben bringen wir eigentlich uns selbst. Wir wollen uns dir anvertrauen. Beides, Brot und Wein, sind Ergebnisse unserer Bemühung, das Leben zu meistern. Letztlich aber stehst du an unserer Seite und verhilfst uns zu einem gelungenen Leben. Jeder Versuch, ein Leben ohne dich zu führen, muß irgendwo scheitern, und so setzen wir auf dich, heute und alle Tage. Amen.

## Zum Vaterunser

Christus konnte Blinde heilen, weil du ihm die Kraft dazu gabst, allmächtiger Gott. Er fühlte sich eins mit dir und lehrte uns, so zu dir zu sprechen: Vater unser . . .

## Zum Friedensgruß

Herr, du willst uns sehend machen für die Nöte und Ängste der anderen, damit wir ihnen helfen und so unseren Beitrag leisten, auf unserer Erde Frieden zu schaffen. Ohne dich kann es aber nicht gelingen, du willst uns deinen Frieden schenken:
Der Friede des Herrn sei allezeit mit euch!

## Nach der Kommunion

Wie Schuppen fällt es
mir von den Augen:
Ich bin nicht allein!

Wie ein unerwartetes Licht
geht es mir auf:
Du bist bei mir!

Wie ein plötzliches Erwachen
überkommt es mich:
Du stehst zu mir!

## Schlußgebet

Allmächtiger Gott, der du uns deinen Sohn als konkretes Vorbild an die Seite gestellt hast und uns in ihm neue Dimensionen des Menschseins eröffnet hast, dir danken wir für diese Feier, in der uns dein Sohn in der Kommunion ganz nahe gekommen ist und uns für unseren Alltag gestärkt hat. Mit seiner Hilfe können wir versuchen, die Welt im Licht des Glaubens neu zu sehen und in ihr Mut zu fassen. Amen.

## Sendung / Segen

Vielleicht konnte uns dieser Gottesdienst die Augen etwas öffnen für unseren Mitmenschen, aber auch für das wunderbare Wirken Gottes in unserer Welt. Sehen wir die Welt mit den Augen des Glaubens, dann können wir zuversichtlich in die Zukunft schauen. Das gewähre uns der gute Gott, der Vater, der Sohn und der Heilige Geist. Amen.

# Wie ist das mit Gott . . .?

**Begrüßung / Eröffnung**

Liebe Jugendliche,
in einem Gruppengespräch mit jungen Menschen über die Frage, wer denn eigentlich unser Gott sei und wie wir ihn uns vorstellen dürfen, brachte ein Teilnehmer einen für mich recht erfreulichen Beitrag. Er berichtete, daß er von klein auf das Wort „Gott“ als beziehungslose Anrede oder auch als abstrakten Begriff gar nicht kannte. Vielmehr kannte er nur den „lieben Gott“, der ihm von seinen Bezugspersonen so vorgestellt wurde, zu dem er betete und von dem er sonst noch einiges erzählt bekommen hatte.
Es dauerte doch einige Zeit, bis dieser Jugendliche erkannte, daß es sich bei dem „lieben Gott“ schon um eine nähere Charakterisierung Gottes handelte und daß beide Begriffe auch ohne einander gedacht werden können. Und doch gehören sie wesensmäßig zusammen, wir haben allen Grund, uns einen „lieben Gott“ vorzustellen.
Er selbst stellt sich uns als jemand dar, der ganz für uns da ist und in Liebe mit uns verbunden ist. Ihm geht es um uns, wir sind ihm nicht egal, er hat uns unser Leben geschenkt und erhält es. Zeigt das nicht die große Verbundenheit zu uns Menschen, seine Liebe zu uns?

**Kyrie**

Weil wir aber immer wieder das Liebesangebot Gottes an uns verkennen und seine Zuneigung unerwidert lassen, bitten wir am Anfang dieser Feier um Vergebung und bekennen Christus als unseren Herrn:

Christus, du bist vom Vater in unsere Welt gesandt, um uns zu ihm zu führen.
Herr, erbarme dich.

Christus, du hast uns die Zusagen deines Vaters überbracht und uns bei ihm eine Zukunft vorausgesagt.
Christus, erbarme dich.

Christus, in dir wurde die Liebe des Vaters zu uns Menschen offenbar.
Herr, erbarme dich.

Der Herr zeige uns sein Erbarmen und führe uns die rechten Wege, heute und alle Tage. Amen.

## Tagesgebet

Allmächtiger Gott, wir können dich nicht sehen und nicht greifen, und wir sind unsicher, wer und wie du überhaupt bist. Laß uns dich mehr und mehr an Christus, deinem Sohn, erkennen, der ganz mit dir verbunden ist und uns vieles von dir berichtet hat. Er ist der Zugang zu dir, er ist die Tür zu dir, er ist unser Wegweiser. An ihm wollen wir festhalten, ob es uns gut oder schlecht geht, ob wir uns freuen oder betrübt sind. Er ist unser Weggefährte, heute und immer. Amen.

## Einsatz von Fotosprache: Gottesbilder

*Hinführung:*
Jeder von uns hat doch bestimmte Vorstellungen, wer für ihn Gott ist und wie er ist. Diese wollen wir anhand der Fotosprache zum Ausdruck bringen. Jeder soll sich ein bestimmtes Bild heraussuchen, das seiner Meinung nach einen Wesenszug Gottes darstellt. Anschließend wollen wir darüber sprechen.

*Hinweis:*
Findet der Gottesdienst in der Gruppe statt, so kann jeder sich ein Bild aussuchen und seine Meinung aufzeigen; findet er als Jugendgottesdienst in der Gemeinde statt, so kann die Vorbereitungsgruppe der Jugendlichen, stellvertretend für alle, Bilder heraussuchen und diese erklären. Währenddessen kann ein Lied gesungen werden.

*Beispiele:*
- Ich habe mir einen hohen Berg herausgesucht, weil Gott für mich oft sehr weit weg ist und ich Schwierigkeiten habe, ihn zu begreifen.
- Ich habe mir eine Herde mit einem Schäfer ausgesucht, weil Gott für uns sorgt wie eine Hirte und weil er uns immer behütet.
- Eine Gruppe, die sich offenbar gut versteht, habe ich als Bild gewählt, weil Gott mit uns in lebendigem Kontakt bleiben will.

  usw. . . .

*Zusammenfassung:*
Sie erfolgt durch den Priester, entsprechend den von den Jugendlichen geäußerten Beschreibungen.

## Geschichte / Lesung: Gott mit Bart?

Ist euch schon aufgefallen, daß mit einer fast ans Idiotische grenzenden Beharrlichkeit immer wieder festgestellt wird, Gott sei kein alter Mann mit einem langen, weißen Bart? Seit mindestens 30 Jahren hat kein Religionslehrer etwa behauptet, daß es doch so sei, und die Zeiten, wo Gott-Vater als ehrwürdiger königlicher Greis auf einem goldenen Thronsessel sitzend über den Wolken regiert, sind ja wohl noch länger vorbei. Und nach wie vor wird diese Gottesvorstellung dementiert? Das muß einen doch stutzig machen! Natürlich, offiziell will kaum jemand an einen Bilderbuchgott glauben, aber insgeheim . . ., irgendwie scheint Gott als gütiger alter Herr nicht nur in den Herzen und in den Tiefen der Seelen zu leben, sondern von dort aus auch seinen Einfluß auszuüben. Wieso geht denn nach wie vor von dem großen alten Herrn so eine Faszination aus? Oder ist es zum Beispiel nur ein Zufall, daß so mancher beliebte und erfolgreiche Politiker so ähnlich ausschaut, wie sich der kleine Maxi den lieben Gott vorstellt? Es scheint so etwas wie allgemein anerkannte Symbole des Vertrauens, ja sogar des Vorschußvertrauens zu geben, die dem Betrachter die Angst nehmen, indem sie Geborgenheit signalisieren.
Also warum sollte man sich Gott nicht als alten Herrn vorstellen und sich darüber freuen, ein Stück von ihm in jedem netten alten Herrn wiederzufinden.
Aber bitte, manche Leute lassen eben nicht locker: „Gott ist kein alter Mann mit einem langen Bart!" Also von mir aus. Aber was ist er denn? Wie kann ich ihn mir sonst vorstellen? Ja, jetzt sagen sie gar nichts, auf einmal. Oder ein paar Fremdwörter — ist Gott ein Fremdwort? Für manche Leute wahrscheinlich schon! Oder sie reden vom Geist, vom Geistigen — aber das wirkt erschreckend blaß oder erinnert verdächtig an Geisterbahn und Gespenster. Ist Gott ein Gespenst? Für manche sicher, zum Leut-schrecken mit Sterben und so, oder eine Art überirdischer Wauwau, dem nichts verborgen bleibt und mit dem man daher die kleinen Kinder einschüchtern kann. Gott ein unsterblicher Polizist? Nein? Du sagst es mir nicht. Diese Leute sind schon zufrieden, wenn er kein alter Mann mit langem Bart ist. Schaut er vielleicht eher wie ein 40jähriger glattrasierter Experte aus? Eher? Oder schon gar nicht? Aber es könnte natürlich auch sein, daß einem Gott mit immer anderem „Ausgschau" begegnet, so daß man glaubt, er ist es gar nicht. Etwa wie in einem Film als linkischer, bebrillter 50jähriger Mann mit Turnschuhen.
Übrigens, mein Gott kann mir ruhig als alter Mann mit einem schönen langen Bart entgegenkommen — ich würde das sehr sympathisch finden.
*Peter Karner*

## Gedanken zum Text

Der eine oder andere von euch kann sich vielleicht mit seiner Gottesvorstellung in dieser Geschichte wiederfinden, wenn es um das konkrete Aussehen Gottes geht und er als gutmütiger, alter Mann mit weißem Bart dargestellt wird. Aber ist das Aussehen wirklich so wichtig? Sicher, viele Künstler haben versucht, das Wesen Gottes mit ihrer Kunst einzufangen, wenn sie Bilder von ihm malten oder Standbilder anfertigten. Vor allem die Menschen früherer Zeiten brauchten diesbezüglich etwas Sichtbares, etwas Anschauliches.
Letztlich aber entzieht sich Gott jedem Versuch, von den Menschen ganz genau dargestellt und verstanden zu werden. Kein Mensch bringt es fertig, genaueste Informationen über Gott einzuholen, ihn ganz zu begreifen oder seine Pläne zu durchschauen. Selbst wenn wir von Gott sprechen, sind wir immer auf unsere Grenzen verwiesen, denn wir haben nichts anderes als die menschliche Sprache, um seine Größe zu beschreiben. Abgesehen davon wäre ein Gott, der für uns Menschen restlos begreiflich wäre, gar kein allmächtiger Gott, weil wir Menschen ihn dann berechenbar machen und in unsere Verfügungsgewalt stellen könnten.
Jeder Versuch, Gott ganz und gar zu ergründen, muß also an unserer menschlichen Begrenztheit scheitern. Deswegen ist es auch nicht so leicht, ihn darzustellen oder von ihm zu sprechen.
Wichtiger als die Darstellung seines Aussehens und die Diskussion darüber scheint mir sein Handeln unter uns Menschen zu sein. Ist es nur Zufall, daß wir selbst in schwierigen Situationen immer wieder eine Lösung finden? Ist es nur Zufall, daß wir gesund sind und uns am Leben freuen dürfen? Der, der an Gott und sein Wirken in dieser Welt glaubt, sieht sie mit anderen Augen und begreift Gott als seinen Wegbegleiter, der ihn führt und der ihm Halt sein will. Insofern dürfen wir nicht von glücklichen Zufällen sprechen, sondern wir müssen bedenken, daß bei all unserem Tun und Denken immer noch einer „mitmischt". Und dieser Eine will ganz für uns da sein und uns Rückhalt geben.
Woher wissen wir das nun? Gott wurde ja konkret in dieser Welt, sogar sehr greifbar und erfahrbar: Er sandte uns seinen Sohn, der uns vom Vater und seiner Güte berichtet hat. Er ist der Mittler zwischen uns Menschen und seinem Vater, dessen Zusagen er uns mitgeteilt hat. Wir wissen, daß wir in Gottes Hand sind — mehr noch, uns wurde von Christus das „Reich Gottes" verheißen. Gott liebt uns so sehr, daß er uns im Tod nicht zugrunde gehen läßt, sondern in seine Nähe holt und uns dadurch Geborgenheit verschafft. Ist das nicht eine frohe, eine freudige Botschaft?
Wer also dem Vater näher kommen will, wer wissen will, was wir ihm bedeu-

ten und in welcher Weise sich Gott unser annehmen will, der muß nur auf Christus schauen. Dieser ist mit dem Vater verbunden, ja der Vater ist sogar in ihm. Der Weg zu Gott führt also über Christus, er ist selbst der Weg, die Wahrheit und das Leben. Wenn wir uns an Christus halten, ergibt sich die Frage nach dem „Wie“ Gottes von allein. Jesus drückte seine Beziehung zum Vater auch seinen Jüngern gegenüber aus. Davon hören wir im Evangelium:

**Evangelium**

Nur noch kurze Zeit, und die Welt sieht mich nicht mehr; ihr aber seht mich, weil ich lebe und weil auch ihr leben werdet. An jenem Tag werdet ihr erkennen: Ich bin in meinem Vater, ihr seid in mir, und ich bin in euch. Wer meine Gebote hat und sie hält, der ist es, der mich liebt; wer mich aber liebt, wird von meinem Vater geliebt werden, und auch ich werde ihn lieben und mich ihm offenbaren. Judas — nicht der Judas Iskariot — fragte ihn: Herr, warum willst du dich nur uns offenbaren und nicht der Welt? Jesus antwortete ihm: Wenn jemand mich liebt, wird er an meinem Wort festhalten; mein Vater wird ihn lieben, und wir werden zu ihm kommen und bei ihm wohnen. Wer mich nicht liebt, hält an meinen Worten nicht fest. Und das Wort, das ihr hört, stammt nicht von mir, sondern vom Vater, der mich gesandt hat.
*Joh 14,19—24*

**Fürbitten**

Allmächtiger Gott, wir nehmen deinen Sohn beim Wort, der uns sagt, daß wir in seinem Namen bitten sollen, damit wir erhört werden:

— Für alle, die den Vater nicht sehen können oder wollen: Öffne ihre Augen für dein Wirken in dieser Welt, und erschließe ihnen so einen Zugang zu dir!
— Für alle, die sich in der Wissenschaft der Theologie auf die Gottsuche gemacht haben: Führe sie die rechten Wege, damit sie uns deine Größe von immer neuen Seiten aus aufzeigen können!
— Für alle, die Gott anklagen, weil er Elend und Leid in dieser Welt zuläßt: Laß sie wieder Mut fassen und auf deine Zusagen setzen, so daß sie über den Horizont irdischen Leids hinausschauen können!
— Für alle, die Aufgaben in der Seelsorge wahrnehmen: Stärke sie in ihrem Dienst, und bewahre ihre Begeisterung für die Verkündigung deiner Botschaft!

Auf dich vertrauen wir, wenn wir uns im Namen deines Sohnes an dich wenden, der in Gemeinschaft mit dir und dem Heiligen Geist lebt bis in Ewigkeit. Amen.

## Gabengebet

Wie wir unsere Bitten zu dir bringen, so bringen wir auch unsere Gaben zu dir, guter Gott. Wandle aber nicht nur unsere Gaben, sondern verwandle durch sie auch uns, damit wir dir näher kommen können und uns von deiner Gegenwart getragen wissen. Sei eins mit uns in Christus, unserm Herrn. Amen.

## Zum Vaterunser

Christus hat uns Gott als unseren Vater vorgestellt. Er hat seine besondere Verbundenheit mit ihm zum Ausdruck gebracht. Auch wir wollen mit Christus unser Angewiesensein auf den Vater zeigen und beten daher: Vater unser . . .

## Zum Friedensgruß

Christus, du bist unser Friede, du schaffst Verständnis, wo Fronten sind, du ermöglichst Offenheit, wo Verbohrtheit regiert, und deshalb bitten wir dich um deinen Frieden:
Der Friede des Herrn sei allezeit mit euch!

## Nach der Kommunion

Der Wegweiser,
„Gott“ darauf geschrieben steht –
gesetzt von ihm
in die Straße,
die Mensch-Sein heißt.

Unübersehbar
fordernd,
*ihm* zu folgen,
seine Richtung einzuschlagen.

## Schlußgebet

Herr und Gott, obwohl du für uns nicht direkt zugänglich bist, wissen wir doch um deine Liebe zu uns und setzen auf dich als unseren Helfer und Retter. Besonders deutlich wurde deine Liebe zu uns in deinem Sohn Jesus Christus, dessen Gemeinschaft wir in dieser Feier erleben durften. Er gibt uns erneut Kraft für unseren Alltag und will unser Begleiter sein, heute und immer. Amen.

## Sendung / Segen

In diesem Gottesdienst haben wir erfahren, daß Christus uns auf Gott verweisen kann — wer Christus sieht, sieht den Vater. Insofern ist eine genaue Vorstellung von unserem Gott gar nicht notwendig, denn wir kennen Christus und mit ihm den Vater. Wenn wir uns also Gott nähern wollen, müssen wir Christus ernst nehmen und sein Angebot zur Nachfolge aufgreifen.
Dazu segne uns der gütige Gott, der Vater, der Sohn und der Heilige Geist. Amen.

# Den Faden ergreifen

## Begrüßung / Eröffnung

Liebe Jugendliche,
ich begrüße euch ganz herzlich zu dieser Meßfeier im Namen des Vaters und des Sohnes und des Heiligen Geistes.
Das Thema unseres Gottesdienstes lautet: Den Faden ergreifen. Bei der Vorbereitung ist mir nämlich aufgefallen, daß wir alle doch ziemlich gut über unsere Religion Bescheid wissen und eigentlich eine Menge darüber erzählen könnten.
Auf der anderen Seite tun wir uns schwer, uns für den Glauben zu entscheiden und uns auf ihn einzulassen. Wenn wir auf einer Demo sind oder im Fußballstadion, machen wir alles, um bloß nichts zu verpassen. Im Notfall klettern wir sogar dafür auf einen Baum. Wenn wir aber von Gott etwas hören, haben wir plötzlich keine Zeit mehr.
Wie kommt das? Nehmen wir Gott vielleicht nicht ernst genug, wollen wir mit ihm nichts zu tun haben? Oder hätten wir nicht eigentlich schon längst den Faden ergreifen müssen, den Gott uns durch seinen Sohn entgegenhält?!
Ich meine, der heutige Gottesdienst könnte uns ein Stück weiterhelfen, endlich mit Gott ernst zu machen und ihn nicht länger auf uns warten zu lassen.
In diesem Sinne wollen wir nun die Meßfeier begehen.

## Kyrie

Eigentlich wollte ich schon lange einmal mit meiner Freundin über Gott reden.
Eigentlich habe ich seit Wochen keinen Menschen mehr zu mir nach Hause eingeladen.
Eigentlich sitze ich Abend für Abend immer nur vor der Flimmerkiste.
Eigentlich mache ich mir viel zu wenig Gedanken über meine Zukunft.
Eigentlich hatte ich mir vorgenommen . . .
Eigentlich sollte ich . . .
Eigentlich könnte ich . . .
Eigentlich . . .

Herr und Gott, ich danke dir, daß es dich gibt. Denn eigentlich hättest du es gar nicht nötig, für mich da zu sein. Aber nur gut, daß es für dich kein „eigentlich" gibt. Das paßt nicht zu dir und eigentlich auch nicht zu mir.

Herr, erbarme dich.
Christus, erbarme dich.
Herr, erbarme dich.

Der allmächtige Gott erbarme sich unser, er gebe uns die Kraft, das zu tun, was wir eigentlich vorhaben, und lasse uns so den Faden unseres Lebens ergreifen. Amen.

## Tagesgebet

Herr, unser Gott, wir danken dir, daß du uns durch deinen Sohn Jesus Christus einen Faden entgegenhältst, der uns durch das Labyrinth unseres Lebens führt. Laß uns den Faden ergreifen und zeig uns den Weg, damit wir unsere Zeit nutzen und etwas aus unserem Leben machen.
Darum bitten wir dich durch deinen Sohn Jesus Christus, der in der Einheit des Heiligen Geistes mit dir lebt und herrscht in alle Ewigkeit. Amen.

## 1. Lesung

Der Geist Gottes, des Herrn, ruht auf mir;
denn der Herr hat mich gesalbt.
Er hat mich gesandt, damit ich den Armen eine frohe Botschaft bringe
und alle heile, deren Herz zerbrochen ist,
damit ich den Gefangenen die Entlassung verkünde
und den Gefesselten die Befreiung,
damit ich ein Gnadenjahr des Herrn ausrufe,
einen Tag der Vergeltung unseres Gottes,
damit ich alle Trauernden tröste,
die Trauernden Zions erfreue,
ihnen Schmuck bringe anstelle von Schmutz,
Freudenöl statt Trauergewand,
Jubel statt der Verzweiflung.
*Jes 61,1–3*

## 2. Lesung / Aktualisierung

ich kenne einen faden
der ist fast 2000 jahre alt
und ihr werdet staunen
er ist noch wie neu

schaut ihn euch nur genau an
nehmt den faden unter die lupe
und ihr werdet sehen:
bei diesem faden steckt was dahinter
bei diesem faden steckt jesus dahinter

jesus ist der faden
es ist der jesusfaden
nabelschnur
nabelfaden
jesusfaden

sein merkmal ist:
ich, du, er, sie,
wir alle
können uns an ihn hängen
ohne daß er reißt

reißfester sicherheitsfaden
vom himmel herabgelassen
nabel gottes
trägt die welt
und dich

nur mut
greif zu
auch für dich ist noch platz
nutz deine chance
du wirst merken:
wer ihn einmal ergriffen hat
läßt nicht mehr locker
den faden

nabelschnur
nabelfaden
jesusfaden

## Evangelium

Dann kam er nach Jericho und ging durch die Stadt. Dort wohnte ein Mann namens Zachäus; er war der oberste Zollpächter und war sehr reich. Er wollte gerne sehen, wer dieser Jesus sei, doch die Menschenmenge versperrte ihm die Sicht; denn er war klein. Darum lief er voraus und stieg auf einen Maulbeerfeigenbaum, um Jesus zu sehen, der dort vorbeikommen mußte. Als Jesus an die Stelle kam, schaute er hinauf und sagte zu ihm: Zachäus, komm schnell herunter! Denn ich muß heute in deinem Haus zu Gast sein. Da stieg er schnell herunter und nahm Jesus freudig bei sich auf. Als die Leute das sahen, empörten sie sich und sagten: Er ist bei einem Sünder eingekehrt. Zachäus aber wandte sich an den Herrn und sagte: Herr, die Hälfte meines Vermögens will ich den Armen geben, und wenn ich von jemand zu viel gefordert habe, gebe ich ihm das Vierfache zurück. Da sagte Jesus zu ihm: Heute ist diesem Haus das Heil geschenkt worden, weil auch dieser Mann ein Sohn Abrahams ist. Denn der Menschensohn ist gekommen, um zu suchen und zu retten, was verloren ist.
*Lk 19,1–10*

## Ansprache

Liebe junge Christen,
vielleicht haben verschiedene von euch, als sie das Thema dieses Gottesdienstes gelesen oder gehört haben, gedacht, daß da wohl nicht viel dahinterstecken kann, wenn jemand sich nur an einen Faden klammert — keinen Bergsteiger könnte er halten, keinen Ertrinkenden vor dem Unheil retten. Ein Faden ist doch so schwach.
In der 2. Lesung haben wir nun gehört, daß Jesus der Faden ist, ein „reißfester Sicherheitsfaden", ein Faden, der alles hält. Da bekommt der Faden gleich einen anderen Stellenwert: Ich kann mich an ihm festhalten, er hält mich aus, er zerreißt nicht, er kann zum „roten Faden" meines Lebens werden.
So ähnlich wird auch der Zöllner Zachäus, von dem uns soeben berichtet wurde, den Jesus-Faden erlebt haben. Es ist faszinierend, wie der kleine Mann darum kämpft, mit Jesus in Kontakt zu kommen. Es heißt zwar zunächst nur, daß er Jesus sehen wollte, aber ich bin sicher, daß er *mehr* von Jesus wollte als ihn nur sehen: Er suchte persönlichen Kontakt zu ihm. Vielleicht erhoffte er sich eine neue Lebensorientierung; wen füllt schon ein Leben an einer Zollschranke aus?
Zachäus, klein von Gestalt, muß sich etwas einfallen lassen, um mit Jesus in Kontakt zu kommen. Bleibt er in der Menge, wird Jesus ihn nicht sehen; da

werden die anderen ihn an die Seite drängen, er wird in der Menge untergehen. Und Zachäus hat eine Idee; es ist eigentlich eine naheliegende und gar nicht außergewöhnliche Idee für einen kleinen Menschen, wenn er eben auf einen Baum klettert. Gedacht, getan: Zachäus klettert auf einen Maulbeerfeigenbaum und wartet gespannt ab, was sich in den nächsten Minuten ereignen wird.

*Zachäus, komm schnell herunter*
Jesus nähert sich dem Maulbeerfeigenbaum. Er wird von einer großen Menschenmenge umjubelt. Alle drängen sich in seine Nähe, alle wollen ihn berühren und ihm ein persönliches Wort sagen. Vergleiche mit Stars unserer Zeit drängen sich unwillkürlich auf. Ob Jesus das Bad in der Menge genießt? Wir wissen es nicht; wir wissen nur, daß es ihm immer um die Menschen geht, nicht um sich selber.
Plötzlich bleibt Jesus stehen. Offensichtlich hat er den Zachäus im Baum gesehen. Zunächst schaut er ihn an, vielleicht hat er über diese Originalität geschmunzelt. Doch dann spricht er ihn an: „Zachäus, komm schnell herunter!" — Damit hat der einfache Zollbeamte nicht gerechnet: Ausgerechnet ihn spricht Jesus an! Eile ist geboten, denn Jesus sagte: „Komm schnell." Es ist keine Zeit zu verlieren. Zachäus hört kaum noch den zweiten Satz, den Jesus ihm sagt: „Ich muß heute in deinem Haus zu Gast sein." Für ihn ist die Einladung Jesu, vom Baum zu kommen, Grund genug, so schnell es geht vom Baum herunterzukommen. Von Jesus persönlich angesprochen zu werden, damit hatte er in den verwegensten Träumereien vor seiner Zollschranke nie und nimmer gerechnet.
Die Menschenmenge hat das alles freilich nicht mehr verstanden. Sie kannte Zachäus, diesen elenden Betrüger und Gauner. Ausgerechnet zu ihm will Jesus ins Haus kommen — vielleicht auch ein wenig Enttäuschung darüber und Neid ganz bestimmt.

*Heute ist diesem Haus das Heil geschenkt worden*
Zachäus fallen natürlich „alle Sünden" ein, und er entschuldigt sich auch sofort — diesem Jesus kann man ohnehin nichts vormachen. Er ist bereit, die Hälfte seines Vermögens den Armen zu geben. Jetzt, wo er Jesus „hat", ist sein Vermögen unwichtig, jetzt zählt nur noch die Nähe und Zuwendung Jesu.
Jesus hat ihm die Augen und das Herz für das Wesentliche geöffnet. Die Begegnung hat sich gelohnt: Zachäus hat seinen Kurs gefunden, und er wird diese Begegnung mit Jesus nie mehr vergessen haben. Wir wissen nicht, was die beiden alles miteinander besprochen haben und welche Hinweise Jesus Zachäus für sein Leben gab. Nur der wichtigste Satz ist uns überliefert: „Heute

ist diesem Haus das Heil geschenkt worden." Zachäus ist „heil", gesund gemacht worden.
Der Zöllner Zachäus hat den Faden Jesus ergriffen, sich an ihm festgehalten und erfahren dürfen, daß dieser Faden nicht reißen kann. Der Faden gab ihm Sicherheit, Geborgenheit, Zuversicht, der Faden öffnete ihm neue Lebensperspektiven und wurde für ihn sicher zum „roten Faden" für sein weiteres Leben.

*Auch für uns ist Jesus der „rote Lebensfaden"*
In Zachäus will Jesus allen Menschen begegnen, die von ihren Mitmenschen abgestempelt und verurteilt werden. Es zeigt sich immer wieder, daß Jesus gerade ein Freund der Sünder und nicht der sogenannten Gerechten sein will. Dort, wo er am meisten helfen kann, dort, wo er ehrlich gebraucht wird, dort möchte er zu Gast sein. Bei denen, die alles selber schaffen, die keinen anderen brauchen und auch keinen Fehler machen, bei denen fühlt sich Jesus nicht wohl. Da hat er keinen Platz und keine Chance.
Geben wir, liebe junge Christen, Jesus eine Chance! Lassen wir uns auf ihn ein, ergreifen wir seinen reißfesten Sicherheitsfaden, und lassen wir uns herausziehen aus der Unsicherheit und Einsamkeit unserer Ichsucht.
Viele junge Menschen fühlen, daß sie von ihrer Umwelt nicht verstanden werden, daß man ihnen Mißtrauen und Mißgunst entgegenbringt. Das kann sehr weh tun. Oft wissen sie nicht, an wen sie sich klammern können, schon manches Band der Freundschaft, des Vertrauens ist gerissen. Der Jesus-Faden hält solchen Enttäuschungen stand. Ergreifen wir ihn, und lassen wir ihn nicht mehr los. Amen.

## Zum Glaubensbekenntnis

Ich glaube an
den Un-faßbaren, den keine Hand berührt,
den Un-hörbaren, den kein Ohr vernimmt,
den Un-sehbaren, den kein Auge erblickt,
den Un-sagbaren, den kein Wort bestimmt,
den Un-denkbaren, den kein Geist erkennt,
den un-menschlichen
einen Gott,
der da ist für
Krüppel,
Taube,

Blinde,
Stumme,
irre
Menschen.

Dieser un-menschliche Gott ist Mensch geworden,
nicht für
Anfasser,
Hörer,
Seher,
Sprecher,
Denker,
sondern um
für alle Menschen
zu glauben.

**Fürbitten**

Herr Jesus Christus, du hast dich für uns vom Himmel herabgelassen und bist uns zu einem Faden geworden, an dem wir unser ganzes Leben hängen. Wir bitten dich:

— Für alle, denen dein Faden zu dünn erscheint. Laß sie erfahren, welche Kraft in dir steckt.
  Herr, laß uns den Faden ergreifen.
— Für alle, denen der Mut zum Zugreifen fehlt und die nicht richtig an dich herankommen. Greif ihnen ein wenig unter die Arme, damit sie nicht die Chance ihres Lebens verpassen.
  Herr, laß uns den Faden ergreifen.
— Für alle, die sich an Fäden gehängt haben, bei denen nichts dahinter war. Befreie sie von ihren Traumfäden, und laß sie zu dir umgreifen.
  Herr, laß uns den Faden ergreifen.
— Für alle, die alt und krank sind und sich von dir nicht mehr getragen fühlen. Gib ihnen Kraft, damit sie auch weiterhin an dir festhalten.
  Herr, laß uns den Faden ergreifen.
— Für alle, die ihr irdisches Leben beendet haben und bei dir im Himmel sind. Laß sie spüren, daß sich ihr Leben gelohnt hat.
  Herr, laß uns den Faden ergreifen.

Herr Jesus Christus, laß uns den Faden nicht nur ergreifen, sondern ihn auch festhalten. Amen.

## Gabengebet

Herr, sieh gütig auf uns, die wir uns in deinem Namen versammelt haben. Nimm unsere Gaben an, die wir dir darbringen, und mehre durch diese Feier unsere Liebe zu dir und zu unseren Nächsten.
Darum bitten wir durch Christus, unsern Herrn.

## Zum Vaterunser

Wir heißen nicht nur Kinder Gottes, wir sind es — ausnahmslos; nur so konnten Zachäus und Jesus Brüder werden, nur so können wir und Jesus Brüder werden, und nur so können wir untereinander Brüder werden.
So wollen wir gemeinsam zum Vater im Himmel beten: Vater unser . . .

## Zum Friedensgruß

Den Faden ergreifen,
sich
festklammern,
sich
festbeißen,
nicht
mehr loslassen —
*er* hält es schon aus;
und
nach und nach
selber zum Faden werden,
zum Friedensfaden.
Der Friede des Herrn sei allezeit mit euch!

*Gestaltungshinweis*
Beim Friedensgruß werden kleine Fäden verteilt, die man einander weitergibt als Symbol dafür, daß wir gemeinsam den Faden ergreifen und uns dabei gegenseitig helfen wollen.

## Vor der Kommunion

Jesus Christus:
LebensFADEN
HoffnungsFADEN
SinnFADEN

greifbar nah
spürbar
kost-bar
da!

## Nach der Kommunion

Strecke dich, Hand, nimm den Faden an
und fühle dich näher dem Herrn.
Spüre die Höhe dort oben,
wo — wie man sagt — Gottes Geist sich zentriert,
und fühle dich näher dem Blau,
das einmal dunkel sich zeigt
und bald wieder auch leuchtend hell.

Spüre, o Hand, die du dich dem Faden entgegenstreckst,
wie der Wind bläst dort oben,
und laß dir sagen,
es sei der Atem des Herrn.
Spüre die Kälte einer dämmrigen Nacht
und spüre die Wärme eines lichten Tages
und fühle, daß alles seine Ordnung hat
und seinen Sinn im Leben.

Deshalb strecke dich, Hand, den Faden zu nehmen,
strecke dich immer näher entgegen
dem Himmel und allem,
was sich dort oben zeigt:
der Sonne,
der Wolke,
dem Wind,
dem Vogel,

und fühle, fühle es immer neu,
daß dort oben
die Fäden zusammenlaufen.
*Manfred, 20: „in einem Anfall von Lebensglück"*

**Schlußgebet**

Herr, unser Gott, du hast uns, die wir noch auf Erden leben, deinen Lebensfaden angeboten, der uns hinaufzieht zu dir. Lenke unser ganzes Verlangen auf dieses Ziel hin, wo wir mit dir und allen lieben Menschen die Erfüllung unserer ganzen Sehnsucht erfahren dürfen.
Darum bitten wir durch Christus, unsern Herrn.

**Segen / Sendung**

Liebe Jugendliche, ein einziger, winziger Faden ist schwach, unbedeutend und reißt bei der kleinsten Belastung. Viele miteinander verbundene Fäden werden zu einem festen Seil, das jeder Belastung standhält. Als einzelne sind wir kleine Fäden, in Gemeinschaft sind wir ein festes und starkes Seil. Halten wir uns an diesem Seil, halten wir uns aneinander fest, und bleiben wir stark bei allen Widerwärtigkeiten, die das Leben so mit sich bringen kann.
Dazu segne euch der allmächtige Gott, der Vater und der Sohn und der Heilige Geist.

Gehet hin in Frieden!

# „Folge mir nach!“

**Begrüßung / Eröffnung**

Liebe Jugendliche,
stellt euch einmal vor, ihr befindet euch an eurem Arbeitsplatz, in der Schule oder sonst irgendwo zusammen mit Kameraden oder Freunden, und da käme jemand daher, der euch einladen würde, alles stehen und liegen zu lassen, um mit ihm zu kommen. Zunächst würdet ihr wohl mal fragen, wohin er denn mit euch gehen wolle und was ihr da tun sollt und wieviel ihr dabei verdienen könnt, und schließlich käme sicher auch die Frage auf, wie lange denn das gesamte Unternehmen dauern soll, denn Familie, Freunde und Bekannte will und kann man nicht einfach verlassen. — Ich würde all diese Fragen auch stellen und würde wahrscheinlich auch nicht mitgehen, denn ich habe hier, wo ich lebe, meine Verantwortung!
Im heutigen Evangelium erfahren wir von einer ähnlichen Situation; nur zwei Dinge laufen da ganz anders: Erstens ist der, der einlädt, nicht irgend jemand, zweitens lassen die Eingeladenen auf der Stelle alles stehen und liegen und gehen tatsächlich mit. Wenn Jesus um Nachfolge, um Mitgehen bittet, dann ist das offenbar mehr als eine verrückte Einladung; dann muß man einfach mitmachen, dann muß man wohl alles stehen und liegen lassen und sich ganz auf ihn einlassen.
Die Einladung Jesu ist eine Verpflichtung. Wir wollen uns darüber in diesem Gottesdienst Gedanken machen und Jesus konkret dazu einige Fragen stellen, wie er sich das so denkt mit seiner Aufforderung: „Folge mir nach!“

**Kyrie**

*1. Sprecher:*
Jesus ruft uns — wir überhören seine Stimme im Lärm und in der Hektik des Alltags.
Herr, erbarme dich.
*2. Sprecher:*
Viele Menschen rufen uns und brauchen unsere Hilfe oder unseren guten Rat — wir haben selber genug mit uns zu tun.
Christus, erbarme dich.

*3. Sprecher:*
Uns selber geht es oft nicht gut — da warten wir manchmal vergebens auf ein ermutigendes Wort.
Herr, erbarme dich.
*Priester:*
Der allmächtige Gott erbarme sich unser, er lasse uns unsere Sünden nach, führe uns gut und glücklich durch unser Leben, und schenke uns einmal das ewige Leben. Amen.

**Tagesgebet**

Gott, unser Heil, in deiner wunderbaren Vorsehung hast du dafür gesorgt, daß jeder Mensch auf dieser Erde einen bestimmten Auftrag erfüllen darf. Laß uns erkennen, wo gerade für uns dieser Auftrag liegt, und laß ihn uns gerne und selbstbewußt erfüllen.
Darum bitten wir durch Christus, unsern Herrn. Amen.

**Lesung**

Viele Male und auf vielerlei Weise hat Gott einst zu den Vätern gesprochen durch die Propheten; in dieser Endzeit aber hat er zu uns gesprochen durch den Sohn, den er zum Erben des Alls eingesetzt und durch den er auch die Welt erschaffen hat; er ist der Abglanz seiner Herrlichkeit und das Abbild seines Wesens; er trägt das All durch sein machtvolles Wort, hat die Reinigung von den Sünden bewirkt und sich dann zur Rechten der Majestät in der Höhe gesetzt; er ist um so viel erhabener geworden als die Engel, wie der Name, den er geerbt hat, ihren Namen überragt. Denn zu welchem Engel hat er jemals gesagt:
Mein Sohn bist du,
heute habe ich dich gezeugt,
und weiter:
Ich will für ihn Vater sein,
und er wird für mich Sohn sein?
Wenn er aber den Erstgeborenen wieder in die Welt einführt, sagt er:
Alle Engel Gottes sollen sich vor ihm niederwerfen.
*Hebr 1,1–6*

## Evangelium

Als Jesus am See von Galiläa entlangging, sah er Simon und Andreas, den Bruder des Simon, die auf dem See ihr Netz auswarfen; sie waren nämlich Fischer. Da sagte er zu ihnen: Kommt her, folgt mir nach! Ich werde euch zu Menschenfischern machen. Sogleich ließen sie ihre Netze liegen und folgten ihm. Als er ein Stück weiterging, sah er Jakobus, den Sohn des Zebedäus, und seinen Bruder Johannes; sie waren im Boot und richteten ihre Netze her. Sofort rief er sie, und sie ließen ihren Vater Zebedäus mit seinen Tagelöhnern im Boot zurück und folgten Jesus nach.
*Mk 1,16—20*

*Gestaltungshinweis*
Das Evangelium eignet sich gut als Rollenspiel:
Ein großes Boot aus Pappe wird vorbereitet, im Hintergrund durch blaues Tuch, Farbe oder Dia der See Gennesaret angedeutet, zwei Fischer werfen ihre Netze aus . . .
Da kommt Jesus aus dem Hintergrund, schaut den beiden zunächst aus einer gewissen Ferne eine Weile zu; dann geht er auf sie zu und spricht seine Einladung laut und deutlich aus: „Kommt her, folgt mir nach!“
Ohne ein Wort zu fragen, stehen die beiden auf und gehen mit ihm.
„Unterwegs“ treffen sie eine größere Gruppe (Jakobus, Johannes, ihren Vater und verschiedene Tagelöhner), die Leute sind dabei, ihr Netz zu flicken. Jesus geht zu Jakobus und Johannes und lädt auch sie zur Nachfolge ein. Schweigend stehen sie auf und folgen Jesus und den beiden anderen auf ihrem Weg. Der Vater und die Tagelöhner sehen ihnen noch lange nach . . .

## Ansprache

Liebe Jugendliche,
wir können uns das, was wir soeben im Evangelium gehört (und im Rollenspiel beobachtet) haben, gar nicht deutlich genug vor Augen halten: Da geht Jesus also anscheinend ganz unverbindlich und rein zufällig am See von Galiläa entlang; plötzlich entdeckt er zwei Fischer, es waren die Brüder Simon und Andreas. Vielleicht hat Jesus ihnen zunächst bei ihrer Arbeit etwas zugeschaut, doch dann geht er unvermittelt auf sie zu und spricht sie an. Ohne lange Vorrede kommt er zum eigentlichen Punkt, den er mit den beiden besprechen will. Was heißt hier „besprechen“? Er stellt eine ziemlich harte Forderung an sie und hat auch wohl nicht den Eindruck erweckt, daß er mit den beiden lange diskutieren will: „Kommt her, folgt mir nach!“

Das muß anders geklungen haben als eine Einladung, bei der man erst einmal überlegt, ob das alles überhaupt möglich ist und ob da nicht noch Menschen sind, mit denen man das alles erst einmal in Ruhe durchsprechen muß. Man kann sich die Forderung Jesu gar nicht radikal genug vorstellen, denn sonst hätten die beiden Brüder wohl erst einmal nachgedacht. Ganz spontan, gleichsam als ob sie bereits seit Wochen auf diese Begegnung warteten und als ob sie das Selbstverständlichste von der Welt wäre, ließen sie alles stehen und liegen und gingen mit Jesus.
Und kurz danach nochmals die gleiche Situation: Diesmal waren es die Brüder Jakobus und Johannes, die zusammen mit ihrem Vater und einigen Arbeitern beim Netzflicken waren. Jesus sah sie bei der Arbeit, rief sie, und sie kamen. Was aus dem alten Vater wird, schien die beiden und auch Jesus nicht weiter zu interessieren. Gemeinsam zogen die fünf weiter.

*Der Ruf Jesu ist wohl mehr als eine Einladung*
Irgendwie fasziniert mich die Haltung der vier Fischer — andererseits kann ich sie aber auch überhaupt nicht verstehen.
Was mich fasziniert ist die Tatsache, daß die Fischer so unwahrscheinlich spontan und von einem Angebot Jesu so begeistert sein können, daß sie alles andere vergessen und ihm nachfolgen. Aber darin liegt gleichzeitig auch wiederum mein Unverständnis: daß sie alles aufgeben, ohne auch nur im geringsten weitere Überlegungen anzustellen bzw. weitere Absprachen zu treffen mit Eltern und Freunden.
Wenn heutzutage junge Menschen so handeln, dann bedeutet das viel Unruhe für die Angehörigen und sehr viel Angst vor allem für die Eltern. Mag sein, daß die vier Burschen, von denen wir im Evangelium gehört haben, schon damit rechnen, daß sie irgendwann wieder nach Hause kommen und dann alles mit den Eltern und Freunden klären können. Nur, die momentane Situation ist so, daß sie der Aufforderung Jesu ohne jeden Einwand Folge leisten.
Das, was Jesus den Fischern sagt, muß wohl mehr gewesen sein als eine unverbindliche Einladung; da steckt ein Anspruch, eine Forderung dahinter, die erfüllt werden muß. Das scheinen die Fischer vom See Gennesaret gespürt zu haben. Da gibt es kein Kneifen, keine Entschuldigung, da muß ge-folgt, nachge-folgt werden. Oder war es doch weniger die Forderung, als vielmehr die Ausstrahlung Jesu, die eine solche Radikalität bei den Fischern weckte?

*Warum so radikal?*
Liebe Jugendliche, ich meine, Jesus muß sich schon die Frage gefallen lassen: Warum so radikal? Hätte er seine Forderung zum Mitmachen nicht auch etwas lockerer stellen können?

Ich glaube, daß Jesus gar nicht so fordernd gewesen ist, sondern daß er eine so faszinierende Persönlichkeit war und ein Angebot von ihm ein solches Glück bedeutete, daß es da nichts mehr zu überlegen gab. Von Jesus eingeladen werden, das ist unaufschiebbar. Da *muß* man einfach zugreifen.
Das werden die Fischer gespürt haben, und sie werden ihren Entschluß nicht bereut haben.

*Auch wir sind eingeladen*
Der Ruf zur Nachfolge ist nicht nur an die vier Fischer vom See Gennesaret gerichtet, und er ist auch nicht ausschließlich an einige „Auserwählte" ergangen. Gerade daß Jesus unbedeutende, einfache Menschen in seine Nachfolge ruft, heißt doch wohl, daß für ihn *jeder* Mensch würdig und in der Lage ist, seine Sache zu vertreten. Es liegt am Menschen, ob er das Angebot Jesu annimmt, und zwar ohne Wenn und Aber.
Die Einladung an alle Menschen ist mehr als eine unverbindliche Höflichkeit mit der Hoffnung, daß wohl doch nur die Besten antreten. Alle sind aufgerufen, ihren Beitrag zu leisten, dort, wo sie leben, wo sie arbeiten und wo sie eine Möglichkeit sehen, die Sache Jesu zu verbreiten.
Auch *wir* sind aufgerufen; ihr, liebe Jugendliche, und ich, wir alle dürfen uns nicht drücken. Wenn wir auch nicht Eltern, Freunde und Angehörige deswegen aufgeben und verlassen müssen, so müssen wir sicherlich oft genug ihr Unverständnis über ein entsprechendes Engagement für die Sache Jesu hinter uns lassen.
„Folge mir nach!" — dieses Wort Jesu an die vier Fischer ist auch zu einem jeden einzelnen von uns gesagt, auch wenn wir uns eher als bescheidene Netzflicker fühlen denn als gebildete Theologen. Vielleicht sind es gerade die Netzflicker, das heißt die Einfachen, die die Botschaft Jesu am besten verstehen und ihr am spontansten antworten können.

## Fürbitten

Herr Jesus Christus, du hast die Fischer am See Gennesaret in deine Nachfolge berufen. Wir bitten dich:

— Schenke allen, die deinen Ruf gehört und angenommen haben, auch die Freude und das Glück, das du denen bereitet hast, die sich für deine Sache engagieren wollen.
— Mach diejenigen wieder stark, die unter deinem Anspruch der Nachfolge zusammengebrochen sind.

- Gib denen, die deine Einladung ausgeschlagen haben, eine neue Chance.
- Laß alle, die dir nachfolgen, in dem Bewußtsein leben, daß sie keine elitäre Gruppe sind, sondern daß deine Einladung an alle Menschen gerichtet ist.
- Laß uns in der Hektik und Unrast unserer Zeit deinen Ruf nicht überhören.
- Laß uns tolerant sein gegenüber solchen Menschen, die mit deiner Einladung zur Nachfolge nichts anfangen können.
- Gib uns allen, die wir an diesem Gottesdienst teilnehmen, immer wieder die Bereitschaft, uns für dich einzusetzen.

Guter Jesus, das sind heute unsere Bitten. Erhöre sie, wenn es gut ist für uns. Amen.

### Gabengebet

Vater im Himmel, wir opfern dir die Gaben von Brot und Wein. Nimm diese Gaben an als Zeichen unserer Verfügbarkeit für deinen Anruf. So, wie du diese Gaben verwandelst, so verwandle auch unsere Herzen und mache sie bereit, auf den Ruf deines Sohnes einzugehen. Amen.

### Zum Vaterunser

„Vater unser", oft so leicht und unüberlegt dahergesagt, und doch steckt darin so viel Vertrauen, Liebe, Geborgenheit. Im Vaterunser werden Brücken geschlagen vom *Ich* zum *Du* und von *dir* zu *mir*.
So laßt uns beten, wie Jesus uns zu beten gelehrt hat: Vater unser . . .

### Zum Friedensgruß

Ein Boot auf dem See Gennesaret strahlt so viel Frieden und Ruhe aus, und dennoch kann es in diesem Boot eine Revolution geben: Dann, wenn Jesus ruft und einlädt zur Nachfolge, dann ereignet sich Revolution, die Revolution der Liebe:
Vier Männer verlassen alles,
geben alles auf,
fragen nicht,
gehen einfach,

folgen einfach
nach –
so einfach . . .
so einfach geht das nicht.
Ich wünsche euch von Herzen:
Der Friede des Herrn sei allezeit mit euch!

**Nach der Kommunion**

Jesus lädt ein,
teilzunehmen an seinem Reich,
an seinem Leben,
an sich selbst.

Jesus lädt ein:
nicht die Siebengescheiten,
nicht die Rechthaber,
nicht die,
die mit einer Exklusiveinladung
hinter verschlossenen Türen
rechnen.

Jesus lädt ein,
und seine Einladung geht an
einfache
Fischer
und
Netzflicker.

**Schlußgebet**

Barmherziger Gott, durch diese heilige Speise, die wir empfangen durften, sind wir im Glauben stark gemacht worden. Festige uns in der Bereitschaft, auf deinen Ruf zu hören und deine Einladung zur Nachfolge radikal anzunehmen, damit wir durch Wort und Tat das Kommen deines Reiches verkünden. Amen.

## Sendung / Segen

Liebe Jugendliche, am Ende dieses Gottesdienstes haben wir die Gewißheit: Jesus ruft auch uns allen zu: „Folget mir nach!" Diesen Auftrag können wir überall erfüllen, wo wir gerade leben und arbeiten. Wir brauchen uns für diese Nachfolge nicht hinter dicken Klostermauern zu verstecken, sondern können das auch „in der Welt", gleichsam „vor Ort", tun. Nachfolge Christi bedeutet dann für uns, versuchen zu leben, wie er es tat, mit allen unseren Schwächen und Mißerfolgen und Unzulänglichkeiten.
Konkret könnte das bedeuten, daß wir versuchen, Vorurteile abzubauen, unnötige Streitereien zu vermeiden, keine Steine gegen die zu schleudern, die im Unrecht leben, und vor allem immer wieder den Draht zu Gott nicht abreißen zu lassen.
Daß uns das immer besser gelingen möge, dazu segne uns der allmächtige Gott, der Vater und der Sohn und der Heilige Geist.

# Auf Kurs bleiben

# Auf Kurs bleiben

**Begrüßung / Eröffnung**

Im Namen des Vaters und des Sohnes und des Heiligen Geistes. Amen. Der Herr, der uns in unserem Leben alle Angst nehmen kann, sei mit euch.

Liebe Jugendliche, vor einigen Tagen klingelte am späten Nachmittag mein Telefon. Michael war am Apparat. Er hatte wieder einmal — wie so oft — eine Menge aus seinem glücklichen und zufriedenen Leben zu berichten; Michael ist nämlich seit einigen Monaten glücklicher Familienvater. Nachdem er seine Neuigkeiten und seine erstaunlichen Entdeckungen am Kind mitgeteilt hatte, sagte er plötzlich, kurz vor dem Verabschieden: „Also dann, bleib auf Kurs." Dieser Wunsch am Ende des Telefonates hat mich betroffen gemacht, nicht nur, weil ich damit überhaupt nicht gerechnet hatte, sondern vor allem, weil er so viel für mich aussagt. „Bleib auf Kurs" ist für mich zu einem Leitmotiv in meinem Leben geworden. Ich höre den Wunsch Michaels immer wieder und versuche, ihn zu realisieren.
Zu Beginn dieser Eucharistiefeier möchte ich diesen Wunsch auch euch, liebe junge Christen, von ganzem Herzen zurufen: „Bleibt auf Kurs!" Ich bin sicher, daß dieser Wunsch die Kraft hat, unser Leben zu verändern; deshalb möchte ich mit euch zusammen gerne diesen Gottesdienst unter das Thema stellen: „Auf Kurs bleiben." Wir wollen Gott bitten, daß wir mit seiner Hilfe und mit der Hilfe guter Freunde immer auf dem rechten Kurs bleiben können und daß wir dann, *wenn* wir mal abgewichen sind, wieder die Orientierung finden.

**Kyrie**

Herr Jesus Christus, du rufst uns — wir überhören dich.
Herr, erbarme dich unser.

Du gibst uns ein Beispiel — wir leben anders.
Christus, erbarme dich unser.

Du reichst uns die Hand — wir ergreifen sie nicht.
Herr, erbarme dich unser.

Du willst, daß wir auf dem richtigen Lebenskurs bleiben, Herr. So schenke uns Verzeihung unserer Schuld, und laß uns mit bereitem Herzen das Mahl des Lebens miteinander und füreinander feiern. Amen.

## Tagesgebet

Herr Jesus Christus, du hast deinen Freunden, die mit dir zusammen gelebt haben, immer wieder gezeigt, welcher der rechte Lebenskurs ist, und du hast ihnen auch gesagt, daß DU der Weg, die Wahrheit und das Leben bist.
Bleibe bei uns und laß uns nicht allein im Boot, damit unser Leben gelingt und wir alle unser Ziel erreichen. Darum bitten wir dich in diesem Gottesdienst heute ganz besonders. Amen.

## 1. Lesung

Ich zeige euch jetzt noch einen anderen Weg, einen, der alles übersteigt:
Wenn ich in den Sprachen der Menschen und Engel redete, hätte aber die Liebe nicht, wäre ich dröhnendes Erz oder eine lärmende Pauke.
Und wenn ich prophetisch reden könnte und alle Geheimnisse wüßte und alle Erkenntnis hätte; wenn ich alle Glaubenskraft besäße und Berge damit versetzen könnte, hätte aber die Liebe nicht, wäre ich nichts.
Und wenn ich meine ganze Habe verschenkte, und wenn ich meinen Leib dem Feuer übergäbe, hätte aber die Liebe nicht, nützte es mir nichts.
Die Liebe ist langmütig, die Liebe ist gütig. Sie ereifert sich nicht, sie prahlt nicht, sie bläht sich nicht auf. Sie handelt nicht ungehörig, sucht nicht ihren Vorteil, läßt sich nicht zum Zorn reizen, trägt das Böse nicht nach. Sie freut sich nicht über das Unrecht, sondern freut sich an der Wahrheit.
Sie erträgt alles, glaubt alles, hofft alles, hält allem stand.
Die Liebe hört niemals auf.
*1 Kor 12,31b — 13,8*

## 2. Lesung / Aktualisierung

Er lebte in unserer Welt, und er war sehr gut angesehen, denn er *hatte seine ganze Habe verschenkt* und lebte in einer Höhle ganz allein, der Rummel der Welt ging ihm auf die Nerven.
Er hatte keine Zeit mehr für seine Mitmenschen, für seine Nachbarn und Freunde, und er hatte viel Zeit zum Studium in seiner Einsamkeit, und man sagte, daß er *alle Erkenntnis habe.* Er hätte vielen Suchenden und Fragenden Rat geben können, aber er lebte in einer Höhle ganz allein, denn der Rummel der Welt ging ihm auf die Nerven.
Er hatte viel Zeit zum Beten, denn er war sehr religiös, und man sagte, daß er *alle Glaubenskraft besäße.* Er hätte vielen Zweifelnden und Ringenden Glaubenskraft vermitteln können, aber er lebte in einer Höhle ganz allein, denn der Rummel der Welt ging ihm auf die Nerven.
Er lebte in unserer Welt, und er *hatte seine ganze Habe verschenkt, hatte alle Erkenntnis* und *besaß alle Glaubenskraft* – aber das alles nützte ihm nichts, denn was ihm fehlte, war die Liebe. Er hatte *keine Liebe.*

## Evangelium

Am Abend dieses Tages sagte er zu ihnen: Wir wollen ans andere Ufer hinüberfahren. Sie schickten die Leute fort und fuhren mit ihm in dem Boot, in dem er saß, weg; einige andere Boote begleiteten ihn. Plötzlich erhob sich ein heftiger Wirbelsturm, und die Wellen schlugen in das Boot, so daß es sich mit Wasser zu füllen begann. Er aber lag hinten im Boot auf einem Kissen und schlief. Sie weckten ihn und riefen: Meister, kümmert es dich nicht, daß wir zugrunde gehen? Da stand er auf, drohte dem Wind und sagte zu dem See: Schweig, sei still! Und der Wind legte sich, und es trat völlige Stille ein. Er sagte zu ihnen: Warum habt ihr solche Angst? Habt ihr noch keinen Glauben? Da ergriff sie große Furcht, und sie sagten zueinander: Was ist das für ein Mensch, daß ihm sogar der Wind und der See gehorchen?
*Mk 4,35–41*

## Ansprache

Liebe Jugendliche, ich muß euch ehrlich gestehen: Wenn ich in dem Boot gewesen wäre, von dem wir soeben im Evangelium gehört haben, dann wäre ich auch verwundert und sprachlos gewesen. Da lud Jesus zu einer Bootsfahrt ein,

um etwas zur Ruhe zu kommen nach einem für ihn sicher sehr anstrengenden Tag; das ist ja verständlich. Daß er aber dann, als der Sturm losbrach, in der Ecke des Bootes lag und schlief, als ob ihn das alles nichts anginge, das verwundert mich doch sehr. Gerade in einer solchen Situation, wo alle mit anpacken müßten, damit das Boot nicht kentert, ausgerechnet da also, schläft Jesus.
Die meisten von uns werden wohl noch nicht in einer solchen lebensbedrohenden Situation gewesen sein: Der weite See, ein relativ einfaches Boot und am Ruder vielleicht nicht unbedingt die erfahrensten Kapitäne. Ich glaube aber, daß wir uns alle sehr gut die prekäre Situation vorstellen können, und wir sind wohl alle ehrlich genug zuzugeben, daß auch wir es in einer solchen Situation mit der Angst zu tun bekommen hätten.
Ebenso erging es den Jüngern im Boot, und sie taten das einzig Richtige, was man in einer solchen Situation wohl tut: Sie weckten den Schläfer und machten ihm heftige Vorwürfe: „Meister, kümmert es dich nicht, daß wir zugrunde gehen?“ Ein ziemlich harter Vorwurf, der in einer solchen hoffnungslosen Situation sicher gut zu verstehen ist. Die Menschen in dem Boot sind in akuter Lebensgefahr, und da liegt einer hinten im Boot auf einem Kissen und schläft. Ich glaube allerdings, liebe junge Christen, daß die Jünger dem Herrn nicht nur einen Vorwurf machten, sondern daß gleichzeitig in ihrem Vorwurf die Bitte lag: Mensch, hilf uns heraus aus dieser gefährlichen Lebenssituation; du kannst es doch! Schließlich waren sie oft genug hautnah dabeigewesen, als Jesus die unwahrscheinlichsten Dinge gelangen.

*Da stand er auf*

Jesus ist wach geworden, nicht vom Tosen des Sturmes, aber vom Rippenstoß seiner Jünger. Er merkt wohl, in welcher gefährlichen Situation seine Freunde zu sein glauben, und er diskutiert auch nicht lange mit ihnen herum, denn das bringt nichts in einer Situation der Angst und Ausweglosigkeit. Da muß man erst mal eingreifen und helfen. Wer von uns wüßte das nicht aus eigener Erfahrung! Wie gut tut ein Wort der Ermunterung oder eine konkrete Hilfeleistung, wenn einer in Not geraten ist. Zu diskutieren, *was* jetzt alles nötig oder auch nicht nötig wäre, bringt in einer solchen Situation eher noch größere Unsicherheit und Angst. Da muß man erst mal tüchtig zupacken. Und Jesus handelt ganz unauffällig, ganz souverän:

*„Schweig, sei still!“*

So einfach geht das. Als wenn er zu einem Menschen sagen würde: „Sei doch mal eben still, ich möchte auch mal kurz was sagen.“ Dabei spricht er zum See, der das Boot, in dem er mit seinen Freunden sitzt, lebensgefährlich hin und her wirft. Eigentlich ein sehr naives Verhalten, eine stürmische See anzuschreien: „Sei still.“ Als ob sie das verstehen könnte. Und dennoch war es nicht naiv, weil diese Aussage von Jesus kam und weil er die ganze Sache doch wohl zu überschauen schien. Aber im ersten Moment werden die Jünger ziemlich enttäuscht gewesen sein. Anstatt daß er vielleicht mitgeholfen hätte beim Rudern oder ihnen doch zumindest ein Wort der Ermunterung und der Zuversicht gesagt hätte, sagt er ganz lapidar zum See: „Sei still.“

*Und der Wind legte sich*

Während sich die Jünger vielleicht noch über die Naivität ihres Meisters ärgerten und sich ratlos anschauten, legte sich der Wind tatsächlich. Ruhe kehrte ein, nicht nur auf dem See, auch in ihren Herzen.

Also doch! Er hat es mal wieder hingekriegt. War doch klar! Mit ihm an Bord, da kann doch gar nichts schief laufen. Das muß doch klappen. Was waren wir doch für Angsthasen! Und sie machten sich schon Vorwürfe, daß sie ihn überhaupt geweckt hatten. Ja, nachher ist man immer klüger.

Jetzt, da sich der Sturm gelegt hatte, hakt Jesus aber doch noch tiefer nach.

*„Warum habt ihr solche Angst?“*

Ich weiß nicht genau, liebe Freunde, ob das mehr eine Frage ist oder ob Jesus seinen Jüngern doch einen Vorwurf nicht ersparen kann. Jetzt ist Zeit zum Diskutieren und Reflektieren; das werden sie auch reichlich getan haben. Nach einer überstandenen Gefahr ist einem ohnehin nach Reden zumute.

„Warum habt ihr Angst?“ Das heißt doch wohl aus der Sicht Jesu: Begreift ihr denn immer noch nicht, *wer* ich bin und *was* ihr mir bedeutet. Als wenn ich euch untergehen lassen könnte!? Wer sich auf mich einläßt, der geht schon nicht „baden“.

Das Verhalten der Jünger in einer solchen lebensgefährlichen Situation war aus unserer Sicht nur verständlich, und ich hätte ihn sicher auch geweckt.

Aber sicher auch mir hätte er dann gesagt: „Warum hast du Angst? Hast du noch keinen Glauben?“ Als wenn er sagen will: So vieles habt ihr nun schon erfahren dürfen: Das hätte doch gerade euch überzeugen müssen, die ihr es hautnah miterlebt habt.

Eigentlich haben die Freunde Jesu ihm ja vertraut; so im normalen Alltag war das wohl auch leichter als in einer solchen gefährlichen Situation. Ich frage mich manchmal, ob Jesus seine Freunde absichtlich in diese Gefahr bringen wollte, um ihren Glauben zu testen? Um sie aufzuwecken aus dem Alltagstrott. Ich finde darauf keine Antwort. Nur eines ist mir klargeworden: Jesus läßt seine Freunde nicht hängen, auch dann nicht, wenn er zu „schlafen“ scheint. Er hat immer alles im Auge, und mit ihm kann man gefährliche Lebensstürme heil überstehen.

*„Warum habt IHR solche Angst?“*
Liebe junge Christen, ich glaube, Jesus sagt dieses Wort auch heute zu uns. Wir alle sitzen ja auch in einem Boot, das manchmal ganz schön heftig hin und her schaukelt und das manchmal zu kentern droht.
Ich denke an das Lebensschiff mancher Jugendlicher im Sturm der Sinnleere, der Hoffnungslosigkeit, der Einsamkeit, der Herzenskälte, der Verzweiflung, oder ich denke an das Boot im Sturm der Arbeitslosigkeit, der Alkohol- oder Drogenabhängigkeit, der enttäuschten Liebe . . .
Ich würde es nicht wagen, wenn ich solchen Menschen begegne, zu sagen: „Hab' keine Angst, es wird schon wieder werden.“ Was würde das dem helfen, der in den Sümpfen der Not und Hoffnungslosigkeit gestrandet ist?! *Ich* oder *du*, wir müßten da schon anders zupacken. Aber Jesus darf uns diese Frage stellen: „Warum hast du Angst? Warum glaubst du nicht an mich?“ Und er sagt das sicher nicht als Vorwurf, sondern er sagt es als Ermutigung, als Zusicherung seiner Liebe und seines Gutseins.
Auch wir sind von Jesus eingeladen, hin und wieder „ans andere Ufer“, das heißt, irgendwohin zu fahren, wo wir nicht alltäglich leben und wo Unerwartetes auf uns einstürmen kann, das unser Boot aus dem vertrauten Alltagsrhythmus wirft. Dann dürfen wir ganz besonders auf ihn vertrauen, denn die Aussage des heutigen Evangeliums trifft auch auf uns zu und gilt auch für uns.
Liebe Jugendliche, ich möchte mit euch auf SEIN Wort vertrauen und ohne Angst und mit festem Glauben auch auf andere, ungewohnte und unbekannte Ufer zusteuern. Er ist ja mit im Boot, und wenn er auch schläft oder zu schlafen scheint, so läßt er sich doch gerne aufwecken und sich von uns einladen und fragen: „Meister, kümmert es dich nicht, daß wir zugrunde gehen?“
Diese Frage, die Vertrauen und Glauben ausdrückt, wird Jesus nicht unbeantwortet lassen. Er wird sein Wort einlösen, und *wir werden auf Kurs bleiben.*
Amen.

**Fürbitten**

Herr, unser Gott, durch deinen Sohn Jesus Christus bringst du unsere Lebensboote auf den richtigen Kurs. Doch kommen wir immer wieder in die Gefahr, vom eigentlichen Kurs abzuweichen. So bitten wir dich:

— Für alle, denen ein eigener Antrieb fehlt. Sei ihnen ein Motor, und gib ihnen Kraft, damit sie auf ihrem Lebensweg vorwärtskommen.
  Herr, laß uns auf Kurs bleiben.

– Für alle, deren Boot ein Leck hat. Bessere die undichten Stellen aus, damit ihr Boot nicht kentert.
  Herr, laß uns auf Kurs bleiben.
– Für alle, die vom Fahrwasser abgekommen sind. Nimm sie in Schlepp, und laß sie Wege finden, die für sie befahrbar sind.
  Herr, laß uns auf Kurs bleiben.
– Für alle, denen das Wasser bis zum Hals steht. Werde ihnen zum Rettungsring, und bewahre sie vor dem Untergehen.
  Herr, laß uns auf Kurs bleiben.
– Für alle, die die Orientierung verloren haben. Laß sie in dir einen Leuchtturm finden, der ihnen den richtigen Kurs anzeigt.
  Herr, laß uns auf Kurs bleiben.

Darum bitten wir dich für alle Menschen, besonders für die Jugend der Welt und für uns, die wir hier versammelt sind. Amen.

## Gabengebet

Mit den Gaben von Brot und Wein bieten wir dir heute unser Leben und unsere Zukunft an. Brot: Zeichen der täglichen Arbeit und Sorge. Mit diesem Brot schenken wir dir unsere tägliche Arbeit und Sorge. Wein: Zeichen der Gemeinschaft, des Festes und der Freude. Mit diesem Wein schenken wir dir unsere Gemeinschaft, unsere tägliche Freude und unser Glück.
So, wie du diese Gaben von Brot und Wein verwandelst, so verwandle auch unser Leben mit seinen alltäglichen Dingen, und zeige uns ein Lichtsignal, wenn wir die Orientierung verloren haben. Amen.

## Zum Friedensgruß

Frieden wird nicht möglich allein durch Gremien, Organisationen, Friedensmärsche und Spruchbänder – denn wir erleben täglich, daß es immer noch Kriege und Katastrophen gibt. Woher kommt das? Vielleicht, weil wir den Frieden immer von den *anderen* erwarten.
Friede muß in *mir* beginnen, in *meiner* kleinen Welt, in der ich mit meinen Angehörigen, Freunden und Arbeitskollegen wohne und lebe. Ich muß *mit mir* Frieden haben, und das kann eigentlich nur ganz langsam beginnen, damit er *hält.* Es ist ein täglicher Weg der kleinen Schritte, den ich konsequent gehen muß, damit nicht Unfriede mein Herz und dann mein Haus und dann meine Welt befällt.

Jesus hat uns seinen Frieden versprochen, der für uns der Maßstab sein muß.
So wünsche ich euch allen:
Der Friede des Herrn sei allezeit mit euch!

*Gestaltungshinweis*
Eine Vorbereitungsgruppe kann kleine Papierschiffchen anfertigen, die zur Erinnerung an den Gottesdienst und unseren Auftrag, „auf Kurs zu bleiben", beim Friedensgruß verteilt werden.

## Vor der Kommunion

Gott ist wie ein Hafen,
den mein Boot anlaufen kann,
wenn es die Orientierung verloren hat
oder
unterzugehen droht.

## Nach der Kommunion

Herr, laß mich ein Boot sein,
das sich über Wasser hält,
den rechten Kurs nicht verliert
und nicht untergeht,
das Wellen schlägt
und Kreise zieht,
das ein Ziel hat
und
auf Kurs bleibt.

Ein Boot,
das *da* ist
für alle,
denen ein eigener Antrieb fehlt
und die ohne Ziel
umhertreiben,
deren Boot ein Leck hat
und die am Kentern sind,
die, vom Fahrwasser

abgekommen,
sich in den Sümpfen der Not
festgefahren haben,
denen das Wasser
bis zum Hals steht
und die zu ertrinken drohen.

Herr, laß mich ein Boot sein,
dann wird aus unüberwindbaren Wassermassen
ein Weltmeer
an Möglichkeiten,
deren Wege bis an die Ufer des Lebens reichen
und in den
offenen Armen Gottes münden.
Herr, laß mich ein Boot sein
mit DIR an Bord!

**Schlußgebet**

Guter Gott, wir danken dir, daß du deinen Sohn zu uns gesandt hast, damit wir eine Orientierung für unser Leben haben und immer auf dem richtigen Kurs bleiben können. Laß uns immer wieder das Glück einer guten Gemeinschaft untereinander und mit dir erfahren und er-leben. Wir wollen uns auf den Weg machen und uns dabei neu entdecken, neu erfahren und neu lieben lernen.
Darum bitten wir dich durch Christus, unsern Bruder und Freund. Amen.

**Sendung**

Ich möchte euch, liebe Freunde, an das Telefongespräch mit Michael erinnern, der mir am Schluß wünschte: „Bleib auf Kurs!“ Im heutigen Gottesdienst haben wir einen Weg gezeigt bekommen, *wie* das am besten zu verwirklichen ist: Lassen wir Jesus mit einsteigen in unser Lebensboot. Auch wenn er unsere Not manchmal zu verschlafen scheint und auch wenn wir seine Gegenwart manchmal verschlafen, das macht nichts, die Hauptsache ist, daß ER dabei ist und daß er Macht hat über Sturm und See und über alle Gefahren, die mit unseren Lebensstürmen zusammenhängen.
Lassen wir uns von IHM sagen: „Habt keine Angst!“ Dann können wir unbe-

schwerter in die Zukunft gehen; eine Zukunft, die einerseits viele Bedrohungen in sich birgt und Angst machen kann, die andererseits aber auch genügend Anlaß zu Optimismus bietet, den wir deshalb haben sollten, weil Christus bei uns im Boot ist.

## Segen

Gott will,
daß wir unseren Lebenskurs nicht verlieren,
daß wir uns über Wasser halten
und nicht baden gehen,
und er will,
daß wir ein Boot haben,
in dem viele Platz
und Sicherheit
und Hoffnung
und Glaube finden
und zu guter Letzt
auch DICH.

Dazu segne und beschütze euch der allmächtige Gott,
der Vater im Himmel,
der Sohn im Boot
und der Heilige Geist
in uns allen.
Amen.

## Gestaltungshinweis

Eine Vorbereitungsgruppe kann ein größeres Boot aus Pappe oder anderem geeigneten Material ausschneiden und an einer Wand des Gottesdienstraumes gut sichtbar für alle anbringen. Unter der Aufschrift „Bleib auf Kurs“ können die Gottesdienstbesucher am Ende des Gottesdienstes Namen ihrer Freunde und Angehörigen schreiben, denen sie dies besonders wünschen. (Filzstifte bereithalten!)
Diese Aktivität soll ausdrücken: Ich bitte Gott für denjenigen, dessen Name ich aufgeschrieben habe, daß er immer „auf Kurs“ bleiben möge.

# Damit nicht alles in die Brüche geht

## Begrüßung / Eröffnung

*Sprecher 1:*
Eigentlich tut es mir heute leid, daß ich mich gestern so gehen ließ und dem Ralf massive Vorwürfe gemacht habe und ihn entsetzlich beschimpft habe. Ich hab' ihn sehr verletzt, er spricht seit gestern nicht mehr mit mir.
*Sprecher 2:*
Was war denn nun der Grund eures Streits, warum seid ihr so aneinandergeraten?
*Sprecher 1:*
Wegen einer Kleinigkeit, wegen einer fast belanglosen Kleinigkeit hab' ich ihn so angefahren. Er fragte mich, ob er auf meinem Mofa fahren dürfe, und ich überließ ihm das Ding. Nach ungefähr 10 Minuten kam er wieder . . . Er hatte einen Sturz gebaut und dabei den Rückspiegel demoliert. Obwohl er sagte, er würde mir den Spiegel zahlen, konnte ich mich doch nicht beherrschen und hab' ihn schrecklich beschimpft. Heute denke ich, daß er das ja nicht absichtlich getan hat und daß sowas jedem mal passieren kann.
*Sprecher 2:*
Natürlich, das ist immer drin! Aber du warst eben sehr verärgert und hast deinem Ärger Luft gemacht, und jetzt tut es dir leid. Glaubst du, daß damit alles erledigt ist?
*Sprecher 1:*
Erledigt? Nein, aber . . . der Ralf spricht ja nicht mehr mit mir. Irgend etwas hält mich davon ab, daß ich mich bei ihm entschuldige, . . . aber ich möchte doch, daß alles wieder in Ordnung kommt.
*Sprecher 2:*
Glaubst du etwa, daß er auf dich zukommen wird, nachdem du dich ihm gegenüber so verhalten hast? Einer muß den ersten Schritt in die richtige Richtung machen, damit nicht alles endgültig in die Brüche geht. Und ich glaube, daß es an dir zuerst liegt, wieder alles ins Reine zu bringen.
*Sprecher 1:*
Ich denke schon, daß du recht hast, aber es wird für mich unheimlich schwer werden. Daß ich einen Fehler gemacht habe, ist mir klar, aber ihn vor dem Betreffenden einzugestehen, das ist wirklich nicht leicht für mich. Ich möchte

natürlich nicht, daß die Freundschaft in die Brüche geht — also werde ich mir wohl einen Ruck geben müssen, um mit Ralf wieder gut zu sein.

## Zum Bußakt

Manchmal geht es uns auch so wie diesem Jugendlichen, der sich schwer tut, eigene Fehler vor anderen einzugestehen. Wenn einmal trennende Mauern aufgebaut sind, ist es nicht einfach, sie wieder einzureißen, um auf ihrem Schutt neues Leben zu ermöglichen.
Wir bauen Mauern zwischen Menschen, es gibt aber auch Mauern zwischen uns und Gott. Fehlen wir gegen einen unserer Mitmenschen oder auch gegen uns selbst, dann schaffen wir Trennwände zwischen uns und dem liebenden Gott. Er hat sich uns gezeigt als einer, der für uns da sein will, sein Name ist „Ich-bin-für-euch-da", und er hält uns seine Tür zu sich immer offen.
Fragen wir uns jetzt, was uns von Gott trennt, wo unsere eigenen Unzulänglichkeiten den Mitmenschen und Gott gegenüber liegen. Was sind unsere Hauptfehler? Wir wollen sie — jeder für sich — auf die ausgeteilten Zettel schreiben.

*Gestaltungshinweis*
Die Jugendlichen werden nach dem Schreiben aufgefordert, ihre Zettel zu zerknüllen und in eine Tonschale zu werfen, die auf dem Altar steht. Liegen alle Zettel in der Tonschale, so werden sie angezündet. Während das Papier verbrennt, wird folgendes Vergebungsgebet gesprochen:

## Vergebungsbitte/Kyrie

Gott, nimm an unsere Barrieren und Unzulänglichkeiten, und reinige uns von Schuld, damit wir uns, die wir auf deine Nachsicht hoffen, dir immer neu entgegenstrecken können, so wie diese Flammen nach oben streben und in die Höhe lodern. Verbrenne in uns all das, was uns von dir trennt, und führe uns in eine neue Wirklichkeit, in der aus der Asche neues Leben mit dir entsteht. Dort, wo alle Hindernisse durch die Kraft und Glut der Liebe überwunden sind, wird uns die Gewißheit zuteil, nie allein gelassen zu sein, und einst werden wir ganz bei dir sein. Unser Herz brennt in dieser Sehnsucht.

Herr, erbarme dich.
Christus, erbarme dich.
Herr, erbarme dich.

## Lesung

Ihr seid von Gott geliebt, seid seine auserwählten Heiligen. Darum bekleidet euch mit aufrichtigem Erbarmen, mit Güte, Demut, Milde, Geduld! Ertragt euch gegenseitig, und vergebt einander, wenn einer dem andern etwas vorzuwerfen hat. Wie der Herr euch vergeben hat, so vergebt auch ihr! Vor allem aber liebt einander, denn die Liebe ist das Band, das alles zusammenhält und vollkommen macht. In eurem Herzen herrsche der Friede Christi!
*Kol 3,12–15a*

## Evangelium, I. Teil

Weiter sagte Jesus: Ein Mann hatte zwei Söhne. Der jüngere von ihnen sagte zu seinem Vater: Vater, gib mir das Erbteil, das mir zusteht. Da teilte der Vater das Vermögen auf. Nach wenigen Tagen packte der jüngere Sohn alles zusammen und zog in ein fernes Land. Dort führte er ein zügelloses Leben und verschleuderte sein Vermögen. Als er alles durchgebracht hatte, kam eine große Hungersnot über das Land, und es ging ihm sehr schlecht. Da ging er zu einem Bürger des Landes und drängte sich ihm auf; der schickte ihn aufs Feld zum Schweinehüten. Er hätte gern seinen Hunger mit den Futterschoten gestillt, die die Schweine fraßen; aber niemand gab ihm davon. Da ging er in sich und sagte: Wie viele Tagelöhner meines Vaters haben mehr als genug zu essen, und ich komme hier vor Hunger um. Ich will aufbrechen und zu meinem Vater gehen und zu ihm sagen: Vater, ich habe mich gegen den Himmel und gegen dich versündigt. Ich bin nicht mehr wert, dein Sohn zu sein; mach mich zu einem deiner Tagelöhner.
*Lk 15,11–19*

## Antitext zum Evangelium

So machte er sich auf den Weg zu seinem Vater, von dem er hoffte, daß er ihn doch wenigstens wieder aufnehmen würde. Voll innerer Unruhe und in der Angst, wieder abgewiesen zu werden, näherte sich der heimkehrende Sohn dem Vaterhaus. Dort aber stand er vor verschlossenen Türen, und erst nach längerem Klopfen öffnete ihm ein Diener, der ihn nur widerwillig zu seinem Vater ließ.

Der nahm anfänglich gar keine Notiz von seinem Sohn, und erst als dieser ihn ansprach, reagierte er: „Du hast von mir dein Erbteil bekommen und woll-

test in der Fremde deine eigenen Erfahrungen machen. Auf mich hast du nicht gehört! Du warst von Abenteuerlust und Vergnügungssucht besessen! Jetzt hast du die Quittung dafür! Schau dich an, wie du heruntergekommen bist! Und jetzt verlangst du wohl auch noch von mir, daß ich all das vergesse und so tu', als wenn nichts gewesen wäre? Schau dir deinen fleißigen Bruder an! Er blieb im Haus und hat mir geholfen, er hat seinen Lebensunterhalt redlich verdient. Ihm gegenüber wäre es doch eine himmelschreiende Ungerechtigkeit, wenn ich dich nun gleich behandeln sollte! Nein, so einer kann mein Sohn nicht mehr sein! Geh dorthin, wo du hergekommen bist, du bist nicht mehr wert, in meinem Haus zu wohnen! Das Recht hast du dir ein für allemal verwirkt! Scher dich weg!"
Nach diesen Worten des Vaters verließ der Sohn verzweifelt das ehemalige Vaterhaus. Alles war in die Brüche gegangen, alles lag in Scherben.

**Gedanken zum Antitext**

Da stimmt doch irgend etwas nicht, wird sich manch einer von euch gedacht haben, der das Gleichnis aus der Bibel kennt. Tatsächlich ist der zweite Abschnitt dieser Erzählung nicht in der Bibel zu finden — dadurch bekommt sie einen anderen, ungewohnten Ausgang. Während die eben gehörte Geschichte mit der Verzweiflung, mit der Resignation des verlorenen Sohnes aufhört, endet das biblische Gleichnis mit einem „happy-end". Sicher hat uns dieses „happy-end" eben beim Zuhören gefehlt, vielleicht wurde der eine oder andere von euch „kribbelig" und hat für den Sohn Partei ergriffen, dem Vater aber alle Sympathien entzogen, weil er sich fast wie ein Tyrann aufspielt.
Wie auch in der Dialogszene am Beginn der Messe geht es um ein Versagen, um einen Fehler eines Menschen. Der Sohn wollte „was erleben", nicht untätig zu Hause sitzen und sich langweilen. Ihn können wir sicher gut verstehen, denn in unserer Freizeit fragen wir auch, wo „was los ist", und orientieren uns dann danach.
Der Vater hatte Verständnis für die Wünsche seines Sohnes und unterstützte ihn finanziell, er gab dem Sohn volle Handlungsfreiheit, so daß er tun und lassen konnte, was er wollte. Aber diese Freiheit ist ihm nicht gut bekommen, denn er hat sie nicht zu seinem Vorteil genutzt. Im Gegenteil: Er gab sich ganz seinen Neigungen hin und verlotterte dabei, so daß er schließlich die niedrigste Arbeit annehmen mußte.
Und jetzt vollzieht sich im Sohn ein Umdenken, er richtet sich nach etwas Neuem aus, er erkennt sein eigenes Versagen, er steht zu seiner Schuld und möchte umkehren. Er beschließt, sich bei seinem Vater zu entschuldigen, um

einen Neuanfang möglich zu machen. Obwohl er sich der Reaktion des Vaters nicht sicher ist, wagt er doch den Weg der Umkehr, er macht den ersten Schritt in eine neue Wirklichkeit.
Da wendet der Vater sich ihm zu, ja er geht ihm sogar entgegen und drückt seine Freude über die Wiederkehr des Sohnes aus. Nicht wie in unserer Geschichte reagiert der Vater unverständig, hart und unmenschlich, sondern er erweist sich als ein gütiger Vater, der niemanden für immer abschreibt. Der Vater macht ihm keine Vorwürfe, sondern nimmt ihn ohne Vorbedingungen wieder auf, ja mehr noch, er will ein großes Fest feiern, um die Ankunft des verlorenen Sohnes zum festlichen Ereignis werden zu lassen.
Jesus will uns in diesem Gleichnis das Wesen seines Vaters verdeutlichen: Er ist nicht der unbarmherzige Tyrann der vorhin gehörten Geschichte, sondern er ist der liebende Vater, dem es um jeden von uns geht, der niemanden wegen seiner Fehler und Schwächen geringschätzt, sondern uns immer wieder die Tür offen hält und uns Verzeihung schenkt, wenn wir mit unserem Versagen zu ihm kommen. Er gibt uns immer wieder die Chance zur Umkehr, bei ihm gibt es keine schwarze Liste, er trägt uns nichts nach. Er ist unser Vater.
Wenn wir nun hören, wie das Gleichnis wirklich ausgeht, wie wir es in der Bibel lesen können, dann sollen uns diese Worte Hoffnung geben, sie sollen eine befreiende Botschaft sein, die uns froh macht.

**Evangelium, II. Teil**

Dann brach er auf und ging zu seinem Vater. Der Vater sah ihn schon von weitem kommen, und er hatte Mitleid mit ihm. Er lief dem Sohn entgegen, fiel ihm um den Hals und küßte ihn. Da sagte der Sohn: Vater, ich habe mich gegen den Himmel und gegen dich versündigt; ich bin nicht mehr wert, dein Sohn zu sein. Der Vater aber sagte zu seinen Knechten: Holt schnell das beste Gewand, und zieht es ihm an, steckt ihm einen Ring an die Hand, und zieht ihm Schuhe an. Bringt das Mastkalb her, und schlachtet es; wir wollen essen und fröhlich sein. Denn mein Sohn war tot und lebt wieder; er war verloren und ist wiedergefunden worden. Und sie begannen, ein fröhliches Fest zu feiern.
Sein älterer Sohn war unterdessen auf dem Feld. Als er heimging und in die Nähe des Hauses kam, hörte er Musik und Tanz. Da rief er einen der Knechte und fragte, was das bedeuten solle. Der Knecht antwortete: Dein Bruder ist gekommen, und dein Vater hat das Mastkalb schlachten lassen, weil er ihn heil und gesund wiederbekommen hat. Da wurde er zornig und wollte nicht hineingehen. Sein Vater aber kam heraus und redete ihm gut zu. Doch er erwider-

te dem Vater: So viele Jahre schon diene ich dir, und nie habe ich gegen deinen Willen gehandelt; mir aber hast du nie auch nur einen Ziegenbock geschenkt, damit ich mit meinen Freunden ein Fest feiern konnte. Kaum aber ist der hier gekommen, dein Sohn, der dein Vermögen mit Dirnen durchgebracht hat, da hast du für ihn das Mastkalb geschlachtet. Der Vater antwortete ihm: Mein Kind, du bist immer bei mir, und alles, was mein ist, ist auch dein. Aber jetzt müssen wir uns doch freuen und ein Fest feiern; denn dein Bruder war tot und lebt wieder; er war verloren und ist wiedergefunden worden.
*Lk 15,20–32*

**Fürbitten**

Barmherziger Vater, wir dürfen immer zu dir kommen, denn du kennst uns und du willst für uns sorgen. Daher bitten wir dich:

— Für alle, die in der Gesellschaft keine volle Anerkennung bekommen, weil sie behindert oder krank sind. Gib ihnen Selbstvertrauen und Mut, damit sie ohne Angst in die Zukunft blicken können.
— Für alle, die es nicht schaffen, ihre eigenen Fehler vor den anderen einzugestehen. Gib ihnen den Mut zum ehrlichen Bekenntnis, damit ein Neuanfang möglich wird.
— Für alle, die in Gott nicht den gütigen Vater sehen können, weil sie von ihrem eigenen Schicksal gezeichnet sind. Gib ihnen die Bereitschaft zur Versöhnung, und weite ihren Horizont, damit für sie der Weg zu dir frei wird.
— Für alle, die nicht mehr aus noch ein wissen, weil sie in Angst und Schuld verstrickt sind. Gib ihnen die Gewißheit, daß du die Schuld vergibst und alles nachsiehst, so daß ein unbeschwertes Leben wieder möglich wird.

Du bist mit uns, guter Gott, und deshalb haben wir uns in diesen Bitten dir anvertraut. Erhöre uns, heute und alle Tage unseres Lebens. Amen.

**Gabengebet**

Herr und Gott, wir haben uns vor deinem Tisch versammelt, weil wir die Auferstehung deines Sohnes feiern wollen. Er war selbst im Tod nicht verloren, weil du mit ihm warst und ihn auferweckt hast. Er will in unseren Gaben zu uns kommen, damit wir auf dem Weg durch unseren Alltag gestärkt werden. Amen.

## Zum Vaterunser

Mit Recht dürfen wir unseren Gott Vater nennen, denn er zeigt sich uns immer wieder als einer, der nicht Gleiches mit Gleichem vergilt, sondern barmherzig ist und Vergebung schenkt. Zu ihm wollen wir beten: Vater unser . . .

## Zum Friedensgruß

Jeder echte Friede ist nicht nur eine Anstrengung von uns Menschen, sondern jeder Friede kommt auch durch die Einwirkung des Geistes Gottes zustande. Öffnen wir uns seinem Wirken, dann wird gegenseitiges Verständnis leichter möglich werden. Und so erflehen wir von Gott unseren Frieden:
Der Friede des Herrn sei allezeit mit euch!

## Nach der Kommunion

Vater dürfen wir dich nennen,
denn du bist mit uns,
du bist in uns —
jetzt und immer.

Vater dürfen wir dich nennen,
denn du sorgst für uns,
du liebst uns —
jetzt und immer.

Vater dürfen wir dich nennen,
denn du verzeihst uns,
du schaust auf uns —
jetzt und immer.

## Schlußgebet

Barmherziger Gott, wir durften deine Nähe in diesem Gottesdienst erfahren und danken dir dafür, daß du unser Vater sein willst. Du weist uns nicht ab und läßt uns nicht draußen vor der Tür stehen, sondern willst uns in deine Gegenwart führen. Sei du schon jetzt unter uns wirksam, und hilf uns, wenn wir versagen oder die gesteckten Erwartungen nicht erfüllen können. Gott, du bist unser Vater. Amen.

## Sendung / Segen

Ich hoffe, daß uns die Vatergüte Gottes, wieder neu vor Augen gestellt, zu einem Leben ermuntert, das frei von Zukunftsangst und lähmendem Pessimismus ist. Auch wenn wir etwas falsch machen, brauchen wir nicht ängstlich zu sein, denn Gott ist mit uns.
Daß uns Gott auch in unserem Alltag begleite, dazu segne euch der allmächtige Gott, der Vater, der Sohn und der Heilige Geist. Amen.

# Wege freiräumen

**Begrüßung / Eröffnung**

Liebe Jugendliche,
ich möchte euch alle recht herzlich zu diesem Gottesdienst willkommen heißen, dessen Thema lautet: „Wege freiräumen". Manche Wege zueinander sind unterbrochen oder sogar verschüttet, so daß wir sie erst *freiräumen* müssen, um die Verbindung miteinander wieder aufnehmen zu können. Auch unser Unterwegssein zu Gott kann unterbrochen sein, und es kostet oft viel Mühe und Geduld, diese Unterbrechung zu beheben. In diesem Gottesdienst wollen wir wieder damit beginnen. Und so laßt uns gemeinsam sprechen:
Im Namen des Vaters und des Sohnes und des Heiligen Geistes. Amen.

Die Gnade unseres Herrn Jesus Christus, die Liebe Gottes des Vaters und die Gemeinschaft des Heiligen Geistes sei mit euch.

Bevor wir das Wort Gottes in uns aufnehmen und das heilige Opfer feiern, wollen wir vor Gott und voreinander verschüttete Wege freiräumen:
Ich bekenne . . .

**Kyrie**

WEGE, unbegehbar, überhäuft vom Geäst der Vorurteile und Vorwürfe, die uns hindern, die richtige Sprache füreinander zu finden.
Herr, erbarme dich unser.

WEGE, durch entwurzelte Bäume der Feindschaft und Gewalt blockiert und abgeschnitten, hindern uns, aufeinander zuzugehen.
Christus, erbarme dich unser.

WEGE, mit Steinen und Felsbrocken zugeschüttet, hindern uns, uns auf der Wegmitte zu treffen.
Herr, erbarme dich unser.

Der allmächtige Gott erbarme sich unser, er helfe uns, die Steine aus dem Weg zu räumen, damit der Weg wieder frei wird für neue Zugänge zu den Menschen und zu ihm. Amen.

**Tagesgebet**

Gütiger Gott,
dein einziger Sohn ist für uns
der Weg, die Wahrheit und das Leben.
Wir sind unterwegs zu diesem Weg
und werden oft blockiert
von Barrikaden der Ichsucht.
Befreie uns
von allen Vorurteilen
und von aller Feindschaft,
die jedes Zusammenleben zerstören,
und schenke uns die Fülle deines Friedens.
Darum bitten wir durch deinen Sohn Jesus Christus,
der unser Weg ist.

**1. Lesung**

Ich sagte:
Kehrt doch alle um von eurem schlechten Weg
und von euren bösen Taten;
dann dürft ihr in dem Land bleiben,
das der Herr euch
und euren Vätern gegeben hat
seit jeher und für immer.
*Jer 25,5*

**Antwortpsalm**

Alle Enden der Erde sehen das Heil unsres Gottes.

Singet dem Herrn ein neues Lied;
denn er hat wunderbare Taten vollbracht.

Er hat mit seiner Rechten geholfen
und mit seinem heiligen Arm.
Es brause das Meer und alles, was es erfüllt,
der Erdkreis und seine Bewohner.
In die Hände klatschen sollen die Ströme,
die Berge sollen jubeln im Chor
vor dem Herrn, wenn er kommt,
um die Erde zu richten.
Er richtet den Erdkreis gerecht,
die Nationen so, wie es recht ist.

Alle Enden der Erde sehen das Heil unsres Gottes.
*Ps 98,1.7–9*

**2. Lesung: Steine aus dem Weg räumen**

Ausgerechnet mein bester Freund und ich
waren von dreißig Bewerbern
ausgewählt worden
zum letzten Vorstellungsgespräch
und nur einer von uns
konnte die Stelle bekommen:
das war ich.
Mein Freund hat es mir
nicht verziehen,
daß ich sie annahm,
und unsere Freundschaft
zerbrach
in tausend Scherben
und in seiner Verzweiflung
legte er mir nach und nach
die Scherben unserer zerbrochenen Freundschaft
in den Weg
und dazu auch noch Steine,
kleine Kieselsteine
und
ganz dicke Brocken.
Nun muß ich meinen Weg gehen
*ohne* meinen Freund

nur
die *Scherben*
und *Kieselsteine*
und *Steinbrocken,*
die er mir in den Weg legt,
erinnern mich an ihn
und an eine harmonische Freundschaft.
Und sie tun weh,
die Scherben und Steine!
Herr,
laß mich
die Scherben und Steine
aufsammeln
und aus dem Weg räumen,
damit mein Freund,
wenn er — vielleicht — zurückkommt zu mir,
sich nicht verletzt;
laß mich sie auch
aus dem Weg räumen,
damit
ich
nicht stolpere
oder gar falle,
denn das hätte er — mein Freund —
sicher nicht gewollt.

Herr, laß mich *nicht stolpern*
und ihn auch nicht.
Laß mich die *Steine*
*aus dem Weg räumen.*

**Evangelium**

Am frühen Morgen begab er sich wieder in den Tempel. Alles Volk kam zu ihm. Er setzte sich und lehrte es. Da brachten die Schriftgelehrten und Pharisäer eine Frau, die beim Ehebruch ertappt worden war. Sie stellten sie in die Mitte und sagten zu ihm: Meister, diese Frau wurde beim Ehebruch auf frischer Tat ertappt. Mose hat uns im Gesetz vorgeschrieben, solche Frauen zu steinigen. Nun, was sagst du? Mit dieser Frage wollten sie ihn auf die Probe

stellen, um einen Grund zu haben, ihn zu verklagen. Jesus aber bückte sich und schrieb mit dem Finger auf die Erde. Als sie hartnäckig weiterfragten, richtete er sich auf und sagte zu ihnen: Wer von euch ohne Sünde ist, werfe als erster einen Stein auf sie. Und er bückte sich wieder und schrieb auf die Erde. Als sie seine Antwort gehört hatten, ging einer nach dem andern fort, zuerst die Ältesten. Jesus blieb allein zurück mit der Frau, die noch in der Mitte stand. Er richtete sich auf und sagte zu ihr: Frau, wo sind sie geblieben? Hat dich keiner verurteilt? Sie antwortete: Keiner, Herr. Da sagte Jesus zu ihr: Auch ich verurteile dich nicht. Geh und sündige von jetzt an nicht mehr!
*Joh 8,2–11*

## Ansprache

Liebe junge Christen, was wir soeben im Evangelium gehört haben, ist zunächst einmal ziemlich erschütternd: Eine Frau wird beim Ehebruch ertappt, und in Windeseile geht die Nachricht durch die ganze Gegend. Wie beschämend für die Frau, für ihren Mann und für ihre ganze Familie, im öffentlichen Gerede zu sein. Gewiß, die Frau hat nicht recht gehandelt, sie hat ihre Ehe in große Gefahr gebracht, das ist wahr. Aber dennoch hat wohl niemand das Recht, diese Frau öffentlich zu verurteilen.
Aber es bleibt nicht einmal bei diesem Gerede, die Frau wird nach der Sitte des Landes auf den Marktplatz geschleift, wo alle anwesenden Schaulustigen sie mit Steinen bewerfen können. Nachdem sich der Vorfall in der Stadt herumgesprochen hatte, versammelt sich urplötzlich eine große Menschenmenge. Jeder nimmt ein paar dicke Steine in die Hand, um dem Gesetz des Mose zu entsprechen, sicher aber auch, um der sündig gewordenen Frau zu zeigen, daß das hochanständige Volk einen Ehebruch nicht dulden kann. Eine brutale Steinigung ist die gerechte Strafe, und schließlich sollen dadurch die anderen Frauen und Mädchen abgeschreckt werden.

*Jesus ist auch dabei*
Jesus war auch „zufällig“ am gleichen Ort, um dem Volk von Gott zu erzählen. Alle waren gespannt, wie sich Jesus verhalten würde. Aber eigentlich gab es ja gar keine Diskussion; auch er würde sicher Steine aufheben, um nach der Frau zu werfen, denn er würde gewiß keinen Ehebruch dulden und ungestraft lassen können. So schleppten die anwesenden Schriftgelehrten und Pharisäer die Frau zu Jesus, um sein Urteil über sie zu hören. Und so stellten sie ihm auch gleich die Frage: „Nun, was sagst du zu dem ganzen Vorfall?“ Gespannte Stille. Noch ruhten die Steine in den Händen der Menge, noch hatte Jesus kei-

nen Stein aufgehoben. Aber für die Menge stand es außer Zweifel, daß auch er jeden Moment einige Steine auflesen würde, um nach der Ehebrecherin zu werfen.
Und schon bückte er sich. Das untrügliche Zeichen dafür, daß es jetzt passieren mußte. Doch alle staunten nicht schlecht, als Jesus mit dem Finger in den Sand malte — als ob ihn diese ganze Sache gar nicht weiter berührte. Das war nun den Schriftgelehrten und den Pharisäern doch zu dumm, und sie fragten und drängten ihn weiter, wie er denn zu diesem ganzen Sachverhalt stehe: Diese Frau ist doch eine Sünderin, eine Ehebrecherin, eine, die aus unserer Mitte vertrieben werden muß; schließlich ist sie selber Schuld, daß sie sich erwischen ließ.

*„Wer von euch ohne Sünde ist, werfe den ersten Stein"*

Jesus war gezwungen, sich nun doch zu dem ganzen Vorfall zu äußern. Und er tat es mit den Worten: „Wer von euch ohne Sünde ist, werfe als erster einen Stein auf sie!" — Dann wieder Schweigen; diesmal kein wartendes Schweigen, eher ein beschämtes Schweigen. Mit diesen Worten bewies Jesus, daß er offenbar mehr wußte und daß er hinter ihre Fassaden schaute. Also so ganz ohne Sünde schien wohl niemand zu sein, denn einer nach dem anderen legte verstohlen seine Steine wieder zurück auf den Boden und schlich sich davon. Die angeklagte Frau spürte, daß wohl nicht allzu viele Steine fliegen würden; nach einer Weile des bangen Wartens wagte sie einen scheuen Blick in die Runde. Zu ihrem großen Erstaunen bemerkte sie, daß da niemand mehr war, außer Jesus . . . Die beiden waren nun ganz allein.
Sie wird ihn lange angeschaut haben; zunächst ängstlich, zweifelnd, dann voller erwartender Hoffnung auf ein persönliches Wort von Jesus.

*„Auch ich verurteile dich nicht"*

Jesus hat ihr dieses Wort geschenkt. Zunächst scheint er sich selber zu wundern: „Wo sind sie geblieben? Hat dich keiner verurteilt?" Und die Frau gibt schnell die Antwort: „Keiner, Herr." Sie kann es noch gar nicht glauben und hofft jetzt natürlich, daß auch der einzig Übriggebliebene, nämlich Jesus, sie nicht verurteilt.
Da kommt auch schon das befreiende Wort: „Auch ich verurteile dich nicht!" — Das war mehr als ein Wort des Verzeihens; das war menschliche Nähe, Verständnis, Liebe gerade zum sündig gewordenen Menschen. Es war die alles verzeihende Liebe! Jesus macht keine großen Sprüche, sein einziger Satz sagt der Frau genug: Sie wird nicht verurteilt, sie kann weiterleben und Hoffnung haben. Sie spürt das Geschenk einer Liebe, die wenig Worte macht, die keine Gewalt antut, die wirklich alles erträgt, alles glaubt, alles hofft und allem

standhält; eine Liebe, die niemals aufhört, mag man ihr antun, was man will (vgl. 1 Kor 13, 7—8).
„Auch ich verurteile dich nicht!" — Dieser Satz gibt der Frau eine neue Möglichkeit, eine neue Chance.
Aber bei allem Verständnis und bei aller verzeihenden Liebe stellt Jesus auch eine harte Forderung: „Geh und sündige nicht mehr!" — Im ersten Moment wird die Frau spontan und dankbar uneingeschränkt zugestimmt haben. Schließlich hat sie Lehrgeld genug bezahlt in dieser Stunde.
Der harte Alltag mit seinen vielen Gelegenheiten und Versuchungen wird die Bewährung bringen müssen. Der gute Wille ist da und auch die Bereitschaft. Das in dieser Stunde leichte „Ja" zu einem Leben ohne Sünde wird der Frau noch manches harte Opfer abverlangen; aber sie ist zuversichtlich, sie hat einen verzeihenden Jesus erfahren. Sie geht sicher mit allem guten Willen zurück in ihren Alltag, und sollte sie — trotz aller guten Vorsätze — wieder einmal fallen, so darf sie dennoch auf den immer verzeihenden Gott vertrauen und hoffen.

*„Auch ich verurteile DICH nicht"*
Liebe Jugendliche, auch für mich ist dies ein sehr tröstliches Wort! Ich bin mir sehr wohl bewußt, daß auch mein Leben nicht immer im Sinne Gottes verläuft. Und ich glaube, daß ihr das so ähnlich oder genauso spürt. Warum sollten wir uns etwas vormachen? Wir dürfen mit Stärken und müssen mit Schwächen leben. Das Wort Jesu an die Sünderin ist auch für uns gesprochen. Der Ehebrecherin hat Jesus den *Weg* wieder *freigeräumt.* Er wird auch *unsere Wege freiräumen* und uns helfen, eventuelle Steine aus dem Weg zu räumen. Helfen wir uns aber auch gegenseitig, Wege freizuräumen, damit wir einander wieder näherkommen und uns besser treffen können. Wenn wir so die Steine und Felsbrocken aufsammeln, die hinderlich im Weg liegen oder den Weg versperren, und daraus Pflastersteine hauen, dann wird sogar mancher unbegehbare Weg wieder zu einem bequemen Wanderweg. Amen.

## Zum Glaubensbekenntnis

Gott, ich weiß nicht, ob es dich wirklich gibt;
ich will ja an dich glauben
und auch zu dir beten,
aber es fällt mir oft so unheimlich schwer.
Du wirst von uns Menschen „Gott" genannt,
aber dieses eine Wort

ist so undurchschaubar und rätselhaft für mich.
Es gibt so viele Fragen,
die ich gern beantwortet hätte,
doch vermag sie kein Mensch zu beantworten.
Du bist so weit weg von mir und unsichtbar,
so daß es mir schwerfällt, an dich zu glauben.
Hilf mir
und den anderen Menschen,
meinen Freunden und meinen Kameraden,
meinen Eltern und Geschwistern,
stärker an dich zu glauben,
fester auf dich zu hoffen
und es ernster zu nehmen mit unserer Liebe.
Laß uns spüren,
daß du bei uns bist!
Laß uns spüren,
daß es dich gibt!
Ich möchte ja auch so gerne sagen können:
„Ich glaube an Gott",
aber ich will es nicht so einfach dahersagen,
ohne mir etwas dabei zu denken;
ich will auch dahinterstehen können,
wenn ich das so sage,
und ich will,
daß ich aus diesem Glauben leben kann.
*Martin, 17 Jahre*

**Fürbitten**

Zu Jesus Christus, unserem Bruder und Freund, der allen Menschen seiner Zeit und unserer Zeit Hoffnung und Zuversicht geben kann, wollen wir unsere Bitten tragen:

— Für alle jungen Menschen, deren Lebenswege verbaut sind infolge Behinderung, Krankheit oder Arbeitslosigkeit.
— Für alle Menschen, die unter falscher Schuldzuweisung leiden und Vorurteilen ausgesetzt sind.
— Für diejenigen, die an ihren Mitmenschen oder am Leben verzweifeln.

— Für die Menschen, die durch die Grenzen politischer Systeme getrennt sind und deren Wege zueinander versperrt sind.
— Für alle Menschen, die Hunger leiden müssen und keinen Ausweg aus ihrer Not und ihrem Elend finden.
— Für alle, die anderen den Weg versperren zum Lebensglück und zu neuer Hoffnung.
— Für alle, die unter Ausweglosigkeit leiden, und für die vielen Einsamen.

Barmherziger Gott, du bist allen Menschen ein Vater, hilf uns, bereit zu sein, *Wege freizuräumen,* damit viele Menschen ungehindert und frei ihr Leben gestalten können. Amen.

### Gabengebet

Guter Gott, wir bringen dir die Gaben von Brot und Wein auf den Altar. Für viele Menschen sind diese Gaben Überfluß, für andere besitzen sie Seltenheitswert. Wir wollen dir als Zeichen unserer Dankbarkeit diese Gaben als Symbol für unser Leben darbringen. Nimm mit diesen Gaben uns an und verwandle auch uns mit diesen Gaben. Amen.

### Zum Vaterunser

Unter-wegs
auf breiten Wegen,
auf engen Wegen,
auf abgesperrten Wegen,
auf Grenz-wegen,
auf steinigen Wegen,
auf sandigen Wegen,
auf geschützten Wegen,
auf gefährlichen Wegen —
unterwegs mit vielen Menschen
zu unserem Vater.
Der Weg lohnt sich,
er hat ein Ziel,
er mündet
in der Liebe des Vaters.
Zu ihm wollen wir jetzt gemeinsam voll Vertrauen beten: Vater unser . . .

## Zum Friedensgruß

Auf unserem Weg
begegnen wir Menschen,
die
schwach sind,
die
zusammenzubrechen drohen,
die
kaum noch Luft bekommen,
die
am Ende sind.
Sie sind uns im Weg,
sie behindern unser Fortkommen,
sie halten uns nur auf.
Wenn wir Frieden wollen
mit uns und mit Gott,
dann dürfen wir diese Menschen unterwegs,
diese armen und gebrechlichen Menschen,
nicht zerbrechen!

Der Friede des Herrn sei allezeit mit euch!
Gebt euch ein Zeichen des Friedens und, wenn nötig, auch der Versöhnung.

## Vor der Kommunion

Christus unterwegs zu uns.
Auf verbarrikadiertem Weg?
Auf abgesperrtem Weg?
Auf steinigem Weg?
Auf gefährlichem Weg?
Christus unterwegs zu uns.

Er
kommt
an!

Er
räumt
die Wege frei!

## Nach der Kommunion

Wir sind unterwegs
durch unser Leben.
Wir
sind von jetzt an
nicht mehr
allein.
ER
ist bei uns,
mit uns
unterwegs.

## Schlußgebet

Allmächtiger Gott, in deinem Mahl hast du uns göttliches Leben geschenkt. Leben, das uns verpflichtet. Leben, das uns Kraft gibt. Gib, daß wir das, was wir in diesem Gottesdienst aus dem Weg geräumt haben, auch in unserem Alltag nicht wieder aufleben lassen.
Darum bitten wir durch Christus, unsern Herrn.

## Segen / Sendung

Liebe Jugendliche, am Ende dieses Gottesdienstes möchte ich euch danken für das Stück gemeinsamen Weges. Dadurch haben wir wieder neu Verantwortung übernommen füreinander. Ich verspreche euch, soweit es mich betrifft, mich auch dieser Verantwortung zu stellen.
Wir alle sind unterwegs auf ein Ziel hin. Es ist immer gut, wenn man auf seinem Weg immer wieder mal Menschen trifft, die man nach dem Weg fragen kann, wenn man nicht mehr weiter weiß. Seid solche Menschen und trefft solche Menschen!
Dazu segne und begleite euch der allmächtige Gott, der Vater und der Sohn und der Heilige Geist.

Geht euren Weg im Frieden des Herrn!

## Anregung

Im Anschluß an den Gottesdienst können die Jugendlichen zusammen ein gemeinsames Wegstück gehen (z. B. zu einem gemeinsamen Essen oder nach einem Abendgottesdienst eine gemeinsame Nachtwanderung).

# Weinen dürfen an der Klagemauer

**Begrüßung / Eröffnung**

Liebe Jugendliche,
wohl kaum einer aus unserem Kreis möchte ein persönliches Fest, einen Tag des Glücks und der Freude allein im stillen Kämmerlein begehen. Wo Freude herrscht, wo Glück erfahren wird, da möchte dies doch wohl jeder mit anderen teilen, mit anderen zusammen auskosten. Allein kann man oft die Fülle der Freude und die Glücksmomente gar nicht bewältigen. Wer sich freut, braucht Menschen!
Ebenso ist es mit der Trauer und mit dem Schmerz, mit persönlichen Enttäuschungen und „Tiefschlägen“: Auch da brauchen wir Menschen, die unser Leid mittragen. Darum eilen wir auch gerne zu unseren Freunden und Angehörigen, wenn wir spüren, daß wir oder sie einen Schmerz oder einen Schicksalsschlag zu verkraften haben. Es ist tröstlich, erleben zu dürfen, daß Menschen in Not immer wieder eine Klagemauer finden, die ihre Tränen auffangen. Es kann die Klagemauer des Freundes sein, der den Schmerz teilt, oder die Klagemauer eines Priesters oder einer Ordensschwester oder eines Psychotherapeuten oder auch die Klagemauer Jesus. Dort, wo wir weinen dürfen, ohne verspottet zu werden, dort wird der harte Stein der Mauer zu einer wohltuenden Seide.
Wir alle brauchen hin und wieder eine solche Klagemauer, wo wir uns ausklagen dürfen, wo wir an-klagen, ein-klagen, weh-klagen dürfen. Es führt zu nichts, in Stunden der Trauer Selbstgespräche zu führen. Es ist gut, wenn wir unsere Klagemauer kennen, an die wir uns wenden können, wenn wir uns selbst nicht mehr aushalten.
Wir müssen aber auch selber bereit sein, für andere Klagemauer zu sein, an der sie zuversichtliche Hoffnung spüren und erfahren dürfen. Klagemauer sein für eine Freundin, die mit ihren Eltern nicht zurechtkommt; Klagemauer sein für den Freund, der von seinem liebsten Gefährten enttäuscht wurde; Klagemauer sein für die Mutter, die soeben ihren Sohn beim Verkehrsunfall verloren hat; Klagemauer sein für einen alten Menschen, der Ablehnung und Einsamkeit erfahren und durchleiden muß.
Wir wollen in diesem Gottesdienst Jesus bitten, daß wir ihn als eine Klagemauer erfahren, zu der wir immer kommen dürfen, an der wir Worte der Er-

munterung, der Hoffnung, der Befreiung und Erlösung vernehmen können. So wollen wir diesen Gottesdienst beginnen im Namen des Vaters und des Sohnes und des Heiligen Geistes. Amen.

Die Gnade unseres Herrn Jesus Christus, die Liebe Gottes des Vaters und die Gemeinschaft des Heiligen Geistes sei mit euch.

Bevor wir das Wort Gottes vernehmen und das heilige Opfer feiern, wollen wir an der Klagemauer Gottes unsere Schuld bekennen:
Ich bekenne . . .

**Kyrie**

Ich muß den anderen verstehen, allen Mißverständnissen zum Trotz, ihn anhören, ihn annehmen, auch wenn er vieles falsch macht, ihm dennoch Klagemauer sein wollen.
Herr, erbarme dich unser.

Oft muß gerade ich den ersten Schritt wagen auf den anderen zu, damit er im Stein meiner Mauer seine Sorgen eingravieren kann in der festen Hoffnung, daß seine Sorgen dort nie mehr vergessen werden.
Christus, erbarme dich unser.

Ich darf nicht auf halbem Weg stehen bleiben, darf nicht zerbrechen und zerbröckeln, damit ich als Klagemauer breit bin und Platz biete für viele Klagende und Weinende.
Herr, erbarme dich unser.

Der allmächtige Gott erbarme sich unser, er lasse uns unsere Sünden nach, und führe uns zum ewigen Leben. Amen.

**Tagesgebet**

Gott, sieh unsere Sehnsucht nach dir, nach wahrem Sinn und echter Erfüllung fern von jeder Oberflächlichkeit. Sieh unseren guten Willen, unser Versagen, unsere Leere. Hilf uns auch jetzt in dieser Stunde der Begegnung mit dir, neu aufzubrechen zu dir, der du uns verborgen so nahe bist. Fülle uns mit deiner Liebe! Darum bitten wir durch Jesus Christus, unsern Herrn. Amen.

### 1. Lesung

Ich will dich rühmen, Herr,
denn du hast mich aus der Tiefe gezogen
und läßt meine Feinde nicht über mich triumphieren.
Herr, mein Gott, ich habe zu dir geschrien,
und du hast mich geheilt.
Herr, du hast mich herausgeholt aus dem Reich des Todes,
aus der Schar der Todgeweihten mich zum Leben gerufen.
Singt und spielt dem Herrn, ihr seine Frommen,
preist seinen heiligen Namen!
Denn sein Zorn dauert nur einen Augenblick,
doch seine Güte ein Leben lang.
Wenn man am Abend auch weint,
am Morgen herrscht wieder Jubel.
Im sicheren Glück dachte ich einst:
Ich werde niemals wanken.
Herr, in deiner Güte
stelltest du mich auf den schützenden Berg.
Doch dann hast du dein Gesicht verborgen.
Da bin ich erschrocken.
Zu dir, Herr, rief ich um Hilfe,
ich flehte meinen Herrn um Gnade an.
Was nützt dir mein Blut, wenn ich begraben bin?
Kann der Staub dich preisen, deine Treue verkünden?
Höre mich, Herr, sei mir gnädig!
Herr, sei du mein Helfer!
Da hast du mein Klagen in Tanzen verwandelt,
hast mir das Trauergewand ausgezogen und mich mit Freude umgürtet.
Darum singt dir mein Herz und will nicht verstummen.
Herr, mein Gott, ich will dir danken in Ewigkeit.
*Ps 30*

### 2. Lesung: Antitext zu Psalm 30

Herr, ich kann dich beim besten Willen nicht mehr rühmen,
sondern muß mich bitter bei dir beklagen:
Du hast mich ganz schön hängen lassen
mit meiner Zukunftsangst und meiner Einsamkeit!

Vielleicht willst du mich strafen?
Aber ich frage mich: Warum?
Warum gerade mich?
Gott, warum hast du dich vor mir verborgen,
warum spüre ich dich nicht,
warum erfahre ich dich nicht so,
wie andere dich erfahren und dabei so glücklich sind?
Es fällt mir wirklich schwer, deinen Namen zu preisen,
weil ich glaube, daß du meinen Namen vergessen hast.
Und ich habe doch wirklich einmal gedacht,
daß du mein Freund wärest.
Ob du mir jetzt vielleicht zuhörst?
Wenn ja, dann bitte ich dich:
Hilf mir da raus!

*Hinweis*
Als Alternative zur 2. Lesung / Antipsalm kann die folgende Gesprächsszene vorgetragen werden.

## Gesprächsszene

*Im Altarraum steht eine Bank; auf ihr sitzen 5 Jugendliche, die keine Arbeit haben; es ist die „Warte-Bank" vor dem Arbeitsamt.*

A *zu den anderen:* Ich glaube, wir treffen uns heute schon die dritte Woche, oder?
B: Gestern waren es genau 25 Tage, seit wir uns hier das erste Mal trafen; damals war Lucky noch dabei . . .
C: Ja, Lucky, mein Gott, ich würde es am liebsten manchmal genauso machen wie er . . .
D: Aber das ist auch keine Lösung, das hilft doch auch nicht weiter.
E: Also ich hoffe doch noch, einmal *muß* es doch klappen. Wir sind doch auch nicht blöder als die anderen, oder?
B: Das hat damit gar nichts zu tun; das ist in ganz Europa so mit der Arbeitslosigkeit.
E: Was mir stinkt ist das Gerede in unserer Straße, so von wegen: Faulpelze, lichtscheues Gesindel . . .
C: Die haben gut reden.
A: Wenn ich nur für ein paar Wochen Arbeit hätte, damit ich in Urlaub fahren könnte.

B: Urlaub . . . du träumst wohl! Urlaub ist für uns doch nun wirklich nicht drin!

E: Also ehrlich, Kameraden, ich weiß nicht, wie das eigentlich weitergehen soll.

C: Ich denk' wirklich oft an Lucky . . .

D: Und der Pfarrer hat gepredigt, man müsse der Jugend helfen. Wer hilft uns denn? Niemand hilft uns: keine Regierung, kein Pfarrer, kein Gott!

C: Ich weiß nicht; wenn ich abends so zu beten versuche, dann wird's mir doch etwas leichter. Ich weiß nicht, ob Jesus mich versteht, aber ich glaube, er hört mir zu; ich kann ihm alles sagen.

A: Ich habe das Beten verlernt. Früher habe ich auch gebetet, aber jetzt hat das doch auch keinen Sinn mehr; oder glaubst du, Jesus beschafft uns Arbeit?

C: Nein, das nicht; aber er hört zu. *Wer* hört uns denn heute sonst noch zu? Wer interessiert sich denn für uns?

E *wird aufgerufen; er geht in einen Raum.*

A: Jetzt geht's los.

B: Ja, es geht los: Wieder eine Viertelstunde Hoffnung — dann ist es wieder aus.

D *spricht C an:* Also, dein Beten überzeugt mich nicht — oder willst du vielleicht Pfarrer werden?

C: Spinner! — Ich glaube auch selber nicht, daß ich richtig bete. Ich sage ihm nur, was mich bedrückt, was mir stinkt — und er hört zu. Das allein genügt mir und wie gesagt: Nachher ist mir wohler, wirklich!

E *kommt enttäuscht zurück:* Wieder nichts . . .

D: Ich hau ab! Das hier bringt ohnehin nichts! Und zu Hause gibt's auch wieder, wie üblich, lange Gesichter. Meinetwegen, sollen sie!

C: Ich gebe noch nicht auf; es gibt immer noch Hoffnung.

**Evangelium**

Er richtete seine Augen auf seine Jünger und sagte:
Selig, ihr Armen, denn euch gehört das Reich Gottes.
Selig, die ihr jetzt hungert, denn ihr werdet satt werden.
Selig, die ihr jetzt weint, denn ihr werdet lachen.
Selig seid ihr, wenn euch die Menschen hassen und aus ihrer Gemeinschaft ausschließen, wenn sie euch beschimpfen und euch in Verruf bringen um des Menschensohnes willen.
Freut euch und jauchzt an jenem Tag; euer Lohn im Himmel wird groß sein.
Denn ebenso haben es ihre Väter mit den Propheten gemacht.
*Lk 6,20—23*

## Ansprache

Liebe Jugendliche, als im Jahre 70 nach Christus Jerusalem vom römischen Feldherrn Titus erobert wurde, warf gegen den Willen des Titus ein römischer Soldat eine brennende Fackel in eine der Seitenkammern des Tempels. Das Bauwerk brannte völlig aus. Allein eine große Mauer blieb übrig, die Westmauer. Diese Mauer ist bis heute der bedeutendste heilige Ort der Juden: Hier versammeln sie sich, hier tragen sie all ihre Sorgen und Nöte hin, hier dürfen sie klagen und weinen. Wir, liebe junge Christen, kennen diese Mauer unter der Bezeichnung „Klagemauer".

Wenn wir Probleme haben, brauchen wir Menschen — sinnbildlich kann man eine solche Situation des Klagens, des Sich-anvertrauen-dürfens mit der erwähnten Mauer vergleichen. Nicht eine Mauer aus Stein oder Felsen, sondern Menschen aus Fleisch und Blut sind unsere „Klagemauer".

Wenn in Jerusalem die Menschen an einer Steinmauer, an der sie nach ihrem Glauben Gott besonders nahe sind, Trost und neuen Lebensmut finden, dann dürfen wir zuversichtlich sein, daß auch wir immer dann, wenn wir eine menschliche „Klagemauer" haben, unser Leben mit seinen Höhen und Tiefen bewältigen können.

Oft herrscht gerade in unseren Breiten die Meinung vor, wer klage und weine sei ein Weichling. Ein Mann müsse hart sein, dürfe keine Gefühle zeigen und sich nichts anmerken lassen.

Das heutige Evangelium sieht das anders: Es hält nichts von der Verdrängung unserer Empfindungen. Jesus sagt: „Selig seid ihr, die ihr jetzt weint, denn ihr werdet lachen." Das ist sicher mehr als eine billige Vertröstung all derer, die Probleme haben und weinen. Gemeint sind wohl die Menschen, die mit ihrem Leben nicht so recht fertig werden, die enttäuscht sind von sich selber, von ihren Freunden und von Gott. Wer in einer solchen Situation des Alleingelassenseins weint, darf Hoffnung haben, darf an eine „Klagemauer" gehen und Trost holen.

Liebe junge Christen, mag auch unsere menschliche „Klagemauer" vieles „schlucken" können, in vielen Situationen ist sie doch überfordert und sprach-los. Auf viele Fragen und Probleme weiß sie keine Antwort mehr; oft ist da der einzige und vernünftige Rat das Schweigen. Und doch möchte der Klagende eine Antwort, eine Erfüllung seiner Sehnsucht.

Wir spüren es auch wohl im eigenen Leben: Oft ist unsere „Klagemauer" überfordert, und oft sind wir als die „Klagemauer" für die anderen einfach nicht in der Lage, wegweisende Hilfen zu geben.

Ich glaube ganz fest, liebe jungen Freunde, wir sollten Jesus zu unserer „Klagemauer" erwählen. Da ist viel Platz für jeden, da kann man sich hinschleppen, sich eingravieren, sich anvertrauen. An dieser „Klagemauer“ wird Trauer in Freude und werden Tränen in Lachen verwandelt. Amen.

## Fürbitten

Im Vertrauen darauf, daß Gott die Menschen nicht allein lassen, sondern ihnen zu einem glücklichen und sinnvollen Leben verhelfen will, bitten wir unseren Gott:

- Schenke allen, die an den vielen „Klagemauern“ des Lebens zusammenbrechen, die Kraft, ihre Hoffnung ganz auf dich zu setzen und dem Beispiel deines Sohnes zu folgen.
- Mach uns stark, daß wir dann, wenn wir als „Klagemauer“ gefordert sind, nicht ins Wanken geraten, sondern Hilfe zu geben in der Lage sind.
- Schenke den Menschen, die von anderen verspottet, verachtet und aus ihrer Gemeinschaft ausgestoßen werden, gute Freunde, die zu ihnen stehen und ihnen weiterhelfen.
- Gib allen Menschen auf der Erde, die krank sind oder an einer Behinderung leiden, neuen Lebensmut und hilfreiche Hände zur Seite.
- Verstoße diejenigen nicht, die sich über dich, Gott, bitter beklagen und dein Handeln nicht mehr verstehen.
- Gib besonders den Jugendlichen unserer Gemeinde ein Herz füreinander, und laß sie in brüderlicher Harmonie miteinander leben.
- Nimm alle Verstorbenen, besonders unsere verstorbenen Angehörigen und Freunde, auf in deine ewige Herrlichkeit, und verwandle ihre Trauer in Glück und Freude.

Darum wollen wir dich heute besonders bitten durch Christus, unsern Herrn.

## Gabengebet

Was könnten wir dir geben, Herr, das wir nicht schon zuvor von dir empfangen hätten? Wir besitzen unsere Zeit, unsere Tage und Stunden, um sie mit unseren Ideen und Taten zu füllen und um daraus unser Leben zu gestalten. Du, der du mit uns bist, drängst dich nicht auf. Du überläßt es uns, ob wir unsere Sorgen und Leiden vor dich tragen wollen oder nicht. Es sind Zeichen, mit denen wir uns zu dir wenden, die Zeichen von Brot und Wein, in denen du uns dann deine Gegenwart schenkst. Nimm daher unsere Zeichen an, unsere Zeit, unsere Ideen und unsere Taten; nimm an Brot und Wein, damit wir darin *eins* werden mit dir.

## Zum Vaterunser

Wir wollen gemeinsam beten, wie Christus uns zu beten gelehrt hat. In dieses Gebet wollen wir all unsere Freude und unser Glück, aber auch alle unsere Sorgen und Ängste hineinlegen: Vater unser . . .

## Zum Friedensgruß

Allein kann ich mein Leben nicht meistern,
vieles gelingt mir nicht,
das macht mich zornig und aggressiv.
Ich brauche Menschen,
die mir helfen,
die mich ermuntern,
die mit anfassen.

DU hilfst mir:
Jetzt geht es,
jetzt schaffe ich es,
jetzt ist mir leichter ums Herz und überall.
Jetzt
    kann ich wieder lachen,
    kann ich wieder hoffen,
    kann ich wieder leben!
Jetzt
    habe ich wieder Frieden,
    hast du wieder Frieden,
    haben wir alle Frieden!

Der Friede des Herrn bleibe allezeit in eurer Mitte und in euren Herzen!

## Vor der Kommunion

Die erste Anlaufstelle in meinem Leben ist Gott:
Ich stoße auf Verständnis,
auf Versöhnung,
auf Frieden.
Er muß in meinem Inneren die erste Stelle behalten,
daher muß mein Ich
diesen Platz räumen.

## Nach der Kommunion

Jesus, wenn du sagst:
„Die Zeit ist erfüllt",
so heißt das:
Sie ist erfüllt von dir –
und für uns ist sie erfüllt,
wenn wir Gemeinschaft haben mit dir.
Du bist in unser Herz gekommen,
wir sind erfüllt,
wir sind voll
von dir.

## Schlußgebet

Allmächtiger Gott, in dieser Eucharistiefeier hast du uns hineingenommen in das unendliche Geheimnis deiner Liebe. Du hast uns gezeigt, wo unser Leben lang geht, woran wir uns orientieren können und wo wir weinen dürfen, wenn mal was „danebengeht". Halte in uns die Sehnsucht nach dir wach, und bewahre uns alle in der Gemeinschaft des Friedens mit dir, mit deinem Sohn Jesus Christus und untereinander.
Darum bitten wir dich durch Christus, unsern Herrn.

## Segen / Sendung

Liebe Jugendliche, es ist gut, wenn man sich ausweinen kann und wenn man eine „Klagemauer" haben darf. Ich wünsche euch und mir immer wieder eine

solche Mauer, und ich wünsche uns ebenso die Kraft, „Klagemauer" sein zu können für unsere Freunde.
Dazu segne und stärke uns alle der allmächtige Gott, der Vater und der Sohn und der Heilige Geist. Amen.

Gehet hin in der Freude und im Frieden des Herrn!

# Alles ist in seiner Hand

## Begrüßung / Eröffnung

Liebe junge Mitchristen,
ein besonderes Anliegen ist uns Menschen im Industriezeitalter die Erhaltung unserer Umwelt geworden. Vor allem Jugendliche setzen ihre Kräfte ein, um einen Beitrag zu leisten, die Bedrohung der Umwelt bewußt zu machen und aktiv Maßnahmen gegen die Umweltverschmutzung einzuleiten. Dieses Engagement ist wichtig und notwendig, denn wir, die wir heute leben, sind auch dafür verantwortlich, wie unsere Erde morgen aussieht. Würden wir sie rücksichtslos für uns in Anspruch nehmen, so handelten wir eigensüchtig und würden die Lebensmöglichkeiten der nachfolgenden Generationen erheblich einschränken. Wo ein profitorientierter Mißbrauch unserer natürlichen Lebensgrundlagen gegeben ist, sind wir berechtigt, unsere Stimme zu erheben, um auf diese Mißstände hinzuweisen.
Uns wurde von unserem Gott die Erde mit all ihren Schönheiten und Wundern anvertraut, und sobald wir erkennen, daß mit diesem Geschenk aus Gottes Hand Mißbrauch getrieben wird, sind wir aufgerufen, zu handeln. Nie dürfen wir übersehen, daß wir unseren Lebensraum und vor allem auch unser eigenes Leben als Geschenk aus der Hand des Schöpfers begreifen müssen und mit Geschenken geht man nicht verantwortungslos um.
Zusammen mit diesen Gaben gab uns Gott volle Handlungsfreiheit, er überreichte uns für unser Handeln gewissermaßen ein Blanko-Scheckbuch, das es gilt, in der rechten Weise zu nutzen. Es muß unsere ständige Bemühung sein, diese Schecks so auszustellen, daß wir uns nicht selbst unserer Lebensgrundlagen berauben. Daher bedarf es einer Einstellung, die die Schöpfung als Geschenk Gottes bewahrt — darin müssen wir uns heutzutage besonders bewähren.

## Kyrie

Weil wir aber unsere Freiheit nicht immer in der rechten Weise gebrauchen und uns selbst mit unseren Interessen in den Vordergrund stellen, bitten wir zu Beginn dieses Gottesdienstes unseren Gott um Verzeihung:

Uns hast du die Schöpfung mit all ihren Schönheiten anvertraut, doch wir gehen oft unverantwortlich mit ihr um; darum bitten wir:
Herr, erbarme dich unser.

Wir sind uns manchmal gar nicht bewußt, daß wir deine Geschöpfe sind und dein Wohlwollen und deine Liebe uns erhält; darum bitten wir:
Christus, erbarme dich unser.

Als dein Ebenbild hast du den Menschen erschaffen — diesem Anspruch zu genügen, ist oft nicht leicht; darum bitten wir:
Herr, erbarme dich unser.

Herr, du bist unsere Zuflucht, denn du hast Erbarmen mit uns. Lehre uns, deinen Willen mehr und mehr zu erfüllen, denn du bist unser Schöpfer-Gott, die Quelle unseres Lebens, die uns ständig erhält. Amen.

## Tagesgebet

Lebendiger Gott, aus Liebe zu uns hast du uns Leben geschenkt, das sich im Zusammenspiel von Umwelt und den mitgegebenen Anlagen entfalten kann. Dafür sind wir dir sehr dankbar. Wir erhoffen von dir, daß du dich auch weiterhin des von dir Geschaffenen annimmst, denn unsere Umwelt ist gefährdet und bedroht. Auf dich vertrauen wir in Christus, unserm Herrn. Amen.

## 1. Lesung

Lobe den Herrn, meine Seele!
Herr, mein Gott, wie groß bist du!
Du bist mit Hoheit und Pracht bekleidet.
Du hüllst dich in Licht wie in ein Kleid,
du spannst den Himmel aus wie ein Zelt.
Du läßt die Quellen hervorsprudeln in den Tälern,
sie eilen zwischen den Bergen dahin.
Allen Tieren des Feldes spenden sie Trank,
die Wildesel stillen ihren Durst daraus.
An den Ufern wohnen die Vögel des Himmels,
aus den Zweigen erklingt ihr Gesang.
Du tränkst die Berge aus deinen Kammern,

aus deinen Wolken wird die Erde satt.
Du läßt Gras wachsen für das Vieh,
auch Pflanzen für den Menschen, die er anbaut,
damit er Brot gewinnt von der Erde
und Wein, der das Herz des Menschen erfreut.
Herr, wie zahlreich sind deine Werke!
Mit Weisheit hast du sie alle gemacht,
die Erde ist voll von deinen Geschöpfen.
Ewig währe die Herrlichkeit des Herrn;
der Herr freue sich seiner Werke.
Ich will dem Herrn singen, solange ich lebe,
will meinem Gott spielen, solange ich da bin.
Möge ihm mein Dichten gefallen.
Ich will mich freuen am Herrn.
*Aus Ps 104*

**Antitext zu Psalm 104**

Herr, was soll ich dich loben,
warum deine scheinbare Größe preisen,
wenn wir selbst uns die Erde
nach unserem Willen gestalten,
wenn wir selbst unser Geschick
in die Hand nehmen können,
ohne flehentlich auf dich angewiesen zu sein?

Sollen wir alles deiner Schöpfermacht zuschreiben,
in allem deine Spuren sehen,
wenn wir selbst mächtig genug sind,
den Dingen auf den Grund zu gehen,
wenn wir selbst unser Leben
durch unsere Kenntnisse und Fertigkeiten
eigentlich erst lebenswert machen?

Sollen wir in allem deine Größe entdecken,
die an deinen Werken ablesbar sein soll,
wenn wir selbst in der Lage sind,
technische Wunderwerke zu vollbringen,
wenn wir selbst die Bedingungen

für gelungenes und geglücktes Leben
erschaffen können aufgrund unserer Fähigkeiten?

Wir sind mündig,
unabhängig und frei,
frei von allen uns fesselnden Bindungen,
denn wir sind von Grund auf fähig,
selbst den Lauf der Dinge zu bestimmen,
selbst die Marschrichtung festzulegen,
selbst unsere Zukunft zu gestalten.

## 2. Lesung

Töricht waren von Natur alle Menschen, denen die Gotteserkenntnis fehlte. Sie hatten die Welt in ihrer Vollkommenheit vor Augen, ohne den wahrhaft Seienden erkennen zu können. Beim Anblick der Werke erkannten sie den Meister nicht, sondern hielten das Feuer, den Wind, die flüchtige Luft, den Kreis der Gestirne, die gewaltige Flut oder die Himmelsleuchten für weltbeherrschende Götter. Wenn sie diese, entzückt über ihre Schönheit, als Götter ansahen, dann hätten sie auch erkennen sollen, wieviel besser ihr Gebieter ist; denn der Urheber der Schönheit hat sie geschaffen. Und wenn sie über ihre Macht und ihre Kraft in Staunen gerieten, dann hätten sie auch erkennen sollen, wieviel mächtiger jener ist, der sie geschaffen hat; denn von der Größe und Schönheit der Geschöpfe läßt sich auf ihren Schöpfer schließen. Dennoch verdienen jene nur geringen Tadel. Vielleicht suchen sie Gott und wollen ihn finden, gehen aber dabei in die Irre. Sie verweilen bei der Erforschung seiner Werke und lassen sich durch den Augenschein täuschen; denn schön ist, was sie schauen. Doch auch sie sind unentschuldbar: Wenn sie durch ihren Verstand schon fähig waren, die Welt zu erforschen, warum fanden sie dann nicht eher den Herrn der Welt?
*Weish 13,1–9*

## Ansprache

Offenbar stehen in dem eben gehörten Text solche Menschen im Mittelpunkt, die am Anfang der Menschheit gestanden haben, von dem einen Gott und seinem Wirken keine blasse Ahnung hatten und die Naturmächte als Götter ansahen.

Wieviel gescheiter sind da wir, die nicht nur die verschiedensten Naturgesetze entdeckt haben, sondern sie auch zum Wohl der Menschheit anwenden können. Wir schaffen es, in den Schönheiten der Natur mit naturwissenschaftlichen Methoden Begründungszusammenhänge zu erkennen, auf manchen Gebieten bedient sich der Mensch sogar bestimmter Manipulationen, um sich die Natur untertan und nutzbar zu machen.

Da erscheinen uns die Menschen in diesem Text wie nichtwissende Primitivlinge, die zwar entschuldbar sind mangels besserem Wissen, die aber doch einen erheblichen geistigen Rückstand uns gegenüber haben. Schon allein deshalb, weil sie Naturmächte entweder selbst für Gottheiten halten oder deren Wirken auf bestimmte Götter zurückführen, die sehr menschliche Züge tragen. Den einzig wahren Gott können sie nicht erkennen, sie sind durch ihr Nichtwissen förmlich geblendet und sehen hinter all den Schönheiten nicht den Urheber der Schöpfung selbst. Obwohl sie fähig sind, die Welt mit ihrem Verstand zu erforschen, so sind sie doch nicht in der Lage, den einen Herrn zu erkennen. Diese Menschen kleben so sehr an ihren eigenen Vorstellungen, daß sie nicht über den Horizont der geschaffenen Dinge hinaus, den Schöpfer eben dieser Dinge finden können.

Im Vergleich zu diesen Menschen schneiden wir doch recht gut ab, und dennoch — so meine ich — gibt es eine Gemeinsamkeit, die ich nun näher erläutern möchte. Die den Lesungstext abschließende Frage kann auch an uns gestellt werden: „Wenn sie durch ihren Verstand schon fähig waren, die Welt zu erforschen, warum fanden sie dann nicht eher den Herrn der Welt?“ Finden *wir* überhaupt noch den Herrn der Welt angesichts des naturwissenschaftlich-technischen Fortschritts, angesichts der Machbarkeit auf vielen Gebieten?

Wir haben uns hier auf der Erde so eingerichtet, daß es sich leben läßt, und zu diesem Zweck haben wir unser ganzes Können aufgeboten, um unsere Welt entsprechend unseren Bedürfnissen zu gestalten. Es ist nicht nur legitim, mit Hilfe von Wissenschaft und Technik das Leben zu erleichtern, wir handeln auch nach der Devise: „Macht euch die Welt untertan“, die uns im Schöpfungsbericht begegnet. Wichtig ist dabei aber die richtige Einstellung. Dann ist sicher etwas verkehrt worden, wenn an die Stelle einer Gott zu verdankenden Schöpfung die vom Menschen gestaltete Schöpfung tritt. Und der Mensch hat ja vieles im Griff, er geht mit seinen Methoden den Gesetzmäßigkeiten der Natur auf den Grund und bedient sich ihrer auf vielfache Weise.

Wo bleibt da noch Gottes Wirken, wenn der Mensch aufgrund seines Wissens und Könnens der allein Wirkende ist, wenn er die Stelle Gottes als Schöpfer einnimmt? Können wir noch an einen in der Geschichte und in der Schöpfung wirksamen Gott glauben, wenn alles Machbare in die Hand des Menschen gegeben ist?

Es fällt uns aufgeklärten Menschen schwer, auf diese Frage mit einem uneingeschränkten *Ja* zu antworten, denn wir können Gottes Wirken in den Geschehnissen um uns nur schwerlich oder überhaupt nicht mehr erkennen. Damit stehen wir aber in gewissem Sinne auf derselben Stufe wie die im Lesungstext beschriebenen Menschen. Während sie an die Naturmächte oder an die für diese verantwortlichen Götter glaubten und den einzig wahren Gott nicht erkennen konnten, sind wir heute in der Gefahr, an die „Götter" der Wissenschaft und Technik zu glauben und darüber den Herrn der Welt zu leugnen oder zu vergessen. Unser Götze ist die in unsere Verfügungsgewalt gestellte Machbarkeit und die scheinbare Wirkmächtigkeit unserer eigenen Fähigkeiten.

Wohin uns aber der rücksichtslose Glaube an uns selbst und unser Wohlergehen führt, das zeigt uns die heutige Situation unserer Umwelt. Unsere Mobilität auf verkehrstechnischem Gebiet wurde durch eine erhöhte Schadstoffbelastung der Luft erkauft, unser hoher Lebensstandard geht im letzten auf Kosten der natürlichen Lebensbedingungen. Das fortschreitende Waldsterben und die zunehmende Gewässerverschmutzung sind unzweideutige Anzeichen für den Raubbau des Menschen an seiner natürlichen Umwelt. Wenn sich der Mensch selbst zum Beherrscher der Natur erhebt und dabei nur seinen eigenen Vorteil sucht, sich selbst zum Schöpfer einer neuen technischen Welt macht, dann kann das einfach nicht gut gehen. Und so gräbt er sich selbst nach und nach seine Lebensgrundlagen ab, er sägt an dem Ast, auf dem er selber sitzt.

Angesichts dieser Tatsachen muß klar gesehen werden, daß der allzu leicht enttäuscht wird, der nur auf die Fähigkeiten und Fertigkeiten des Menschen vertraut. Soviel wir Menschen heute auch vermögen, wir werden es nie schaffen, ein Paradies auf Erden zu errichten, wir werden immer an unsere Grenzen stoßen! Und diese Grenzen gilt es anzunehmen, aus einer christlichen Sicht heraus zu respektieren. Nicht zum Schöpfer einer neuen Welt ohne unseren Schöpfer-Gott wollen wir uns machen, sondern in Dankbarkeit unser Verwiesensein auf ihn und sein Werk bekennen. Warum sollen wir uns an die Stelle Gottes setzen, wenn wir immer wieder unsere Unzulänglichkeiten spüren im Umgang mit unserer Umwelt?

Im Grunde sind wir auf Gott verwiesen und auf ihn angewiesen, nur wenn er uns Rückhalt bietet, können wir unbefangen unser Leben angehen. Gott ist es, der alles ins Sein gerufen hat und der das von ihm Erschaffene auch erhält. Er kümmert sich um uns und um alles Geschaffene. Und so sind auch wir aufgerufen, unseren Anteil zur Erhaltung der Schöpfung beizutragen. Wir haben von Gott eine hohe Verantwortung für uns und unseren Lebensraum zugewiesen bekommen, die wir durch eigennütziges Denken und Handeln nicht mißbrauchen dürfen. Es gehört wesentlich zu unserem christlichen Auftrag,

die Schönheit der Schöpfung zu erhalten und sie für nachfolgende Generationen zu bewahren.
Erkennen wir, daß sie ein Abglanz unseres Gottes ist, so wie jeder Mensch ein guter Gedanke Gottes ist. Betrachten wir doch nur die Einzigartigkeit und Einmaligkeit eines jeden Menschen, so können wir uns überzeugt der Aussage des Lesungstextes anschließen, wenn es heißt, daß die Größe und Schönheit der Geschöpfe auf ihren Schöpfer schließen läßt.

**Evangelium**

Wenn wir jetzt im Evangelium davon hören, daß unter uns Menschen die Ausübung von Macht letztendlich als Dienst am Nächsten verstanden werden soll, daß der Dienende eigentlich der Größte ist, dann gilt das auch für unseren Umgang mit der Schöpfung. Nicht Beherrscher und Ausbeuter unserer Umwelt sollen wir sein, sondern wir sollen mit ihr im Einklang leben. Unsere Größe bezeugen wir nicht durch rigorose Anwendung unserer Erkenntnisse ohne Rücksicht auf unseren Lebensraum, sondern durch das Bewahren unserer natürlichen Lebensgrundlagen. Auch das ist ein wesentlicher Dienst am Nächsten, ein Dienst an nachfolgenden Generationen.

Es entstand unter ihnen ein Streit darüber, wer von ihnen wohl der Größte sei. Da sagte Jesus: Die Könige herrschen über ihre Völker, und die Mächtigen lassen sich Wohltäter nennen. Bei euch aber soll es nicht so sein, sondern der Größte unter euch soll werden wie der Kleinste, und der Führende soll werden wie der Dienende. Welcher von beiden ist größer: wer bei Tisch sitzt oder wer bedient? Natürlich der, der bei Tisch sitzt. Ich aber bin unter euch wie der, der bedient.
*Lk 22,24—27*

**Fürbitten**

Herr und Gott, gütiger Vater, zu dir dürfen wir jederzeit mit unseren Bitten kommen, weil wir dir etwas wert sind. Deshalb bitten wir dich:

— Für alle, die im politischen Bereich für eine gesunde Umwelt Verantwortung tragen. Schenke ihnen die Einsicht, daß es jetzt gilt, zu handeln und aktiven Umweltschutz einzuleiten.

— Für alle, die in Wirtschaft und Industrie an maßgeblicher Stelle tätig sind. Laß sie erkennen, daß nicht nur der Profit im Mittelpunkt ihres Tuns zu stehen hat, sondern vor allem auch die Rücksicht auf unseren Lebensraum.
— Für alle, die sich in der Wissenschaft darum bemühen, die Umweltbelastung auf ein Minimum zu reduzieren. Begleite sie in ihrem Forschen und Suchen, damit wir uns noch möglichst lange an einer schönen Schöpfung erfreuen können.
— Für alle, die hinter den Geschöpfen nicht den Schöpfer sehen können und die sich nicht dir verdanken wollen. Öffne ihnen die Augen für deine Wirklichkeit und deine Anwesenheit in dieser Welt.

Du trägst für uns Sorge, guter Gott, und darum erhoffen wir von dir die Erfüllung unserer Bitten. Amen.

### Gabengebet

Mächtiger Gott, alles kommt aus deiner Hand, auch diese Gaben, die wir zum Altar bringen. Wir bitten dich darum, daß du sie annimmst und sie uns verwandelt wieder schenkst. So dürfen wir deine Gegenwart unter uns erfahren in Jesus Christus, deinem Sohn, der uns dieses Mahl zu seinem Gedenken hinterlassen hat. Amen.

### Zum Vaterunser

Als Schöpfer-Gott ist er unser aller Vater. Wir verdanken uns seiner Liebe, die uns immer wieder Leben spendet. Nach seinem Willen erhält er die Welt und sorgt für sie. Deshalb dürfen wir voll Vertrauen beten: Vater unser . . .

### Zum Friedensgruß

Wir Menschen bringen nicht selten die Schöpfung Gottes in Unordnung. Wir gehen sogar soweit, daß wir sie in ihren Grundlagen gefährden und bedrohen. Deshalb haben wir den Frieden so notwendig, er soll unsere Not wenden. Diesen Frieden bietet uns Christus an, und so wünsche ich euch allen:
Der Friede des Herrn sei allezeit mit euch!

## Nach der Kommunion

Du bist der Ursprung allen Lebens,
du bist die lebendige Quelle allen Seins,
du bist der Urgrund, aus dem alles hervorgeht.

Du schufst alles, was lebt,
die Pflanzen, die Tiere
und als Meisterstück den Menschen,
um ihn geht es dir,
an ihm liegt dir sehr viel,
du bist mit ihm in Liebe verbunden.

## Schlußgebet

Lebenspendender Gott, alles, was wir sind und haben, verdanken wir dir. Bewahre uns vor Überheblichkeit, wenn wir meinen, daß wir selbst die Herren der Welt sind und unsere Fähigkeiten herausstreichen. Du stehst hinter allem und bist selbst in den kleinsten Dingen zu finden. Deine Werke geben uns über deine Größe und über dein Wirken in dieser Welt Aufschluß. Wir danken dir für das Geschenk unseres Lebens und für die ganze Schöpfung, heute und alle Tage. Amen.

## Sendung / Segen

Jeder einzelne von uns trägt seinen Teil Mitverantwortung für die Erhaltung der Umwelt. Daß wir diese Verantwortung zum Nutzen unserer Mitmenschen und der gesamten Schöpfung ausüben können, dazu erbitten wir von Gott seinen Segen.
So segne euch der allmächtige Gott, der Vater, der Sohn und der Heilige Geist. Amen.

# Kopf hoch, wir haben Zukunft

**Begrüßung / Eröffnung**

Liebe Jugendliche,
zum Schlagwort, das häufig in Anbetracht der heutigen Situation benutzt wird, ist der einsilbige Kommentar „No future“ geworden. Vor allem unter euch Jugendlichen ist diese Redeweise keine Seltenheit, wenn ihr euch Gedanken über eure Zukunft macht. Und in der Tat: Es schaut wirklich nicht rosig aus, wenn das Rüstungspotential ständig wächst und energische Schritte gegen die Umweltverschmutzung ausbleiben. Auch in unserem persönlichen Leben erwarten uns unliebsame Widerstände, denken wir nur an den Leistungsdruck in der Schule oder an Lehrstellenmangel und Arbeitslosigkeit. Unsere Zukunftschancen scheinen zu sinken — das drückt ein weiterer Spruch aus: „Du hast keine Chance, darum nutze sie!“
Kein Wunder, daß sich unter solchen Umständen Resignation und Pessimismus breit machen. Die „Null-Bock-Bewegung“ findet aus diesem Grund immer mehr Anhänger. Es wird behauptet, man müsse schon wirklichkeitsfremd, ja wirklichkeitsblind sein, wenn man angesichts dieser Aussichten von der Zukunft noch etwas erhofft. Haben wir noch einen Grund, zuversichtlich zu sein?
Auf die letzte Frage antworte ich mit einem überzeugten „Ja“, auch wenn mich manche für einen Phantasten halten. Wir Christen glauben an eine Zukunft — und an keine schlechte! Auch wenn der Horizont düster ausschaut, so verliert der Christ dennoch nicht seine Hoffnung, weil er aus den Zusagen Christi lebt. Christus hat uns seine Gegenwart und seine Hilfe zugesichert, wir brauchen nicht ängstlich zu sein wegen dem, was morgen passieren wird. Er will an unserer Seite stehn und uns begleiten. Noch mehr: Er hat uns verkündet, daß es für uns eine Zukunft gibt, die über das „Jetzt und Heute“ hinausgeht, die schöner ist, als wir es uns überhaupt vorstellen können. Er hat uns die Nähe Gottes auch über unser irdisches Dasein hinaus zugesichert, und das sollte doch jeden No-future-Pessimismus verblassen lassen. Christus sagt uns nicht nur eine Zukunft zu, sondern *er* ist unsere Zukunft.

## Kyrie

Weil wir uns aber nicht immer an Christus orientieren, sondern uns selbst in den Mittelpunkt stellen, bitten wir am Anfang dieser Feier unseren Gott um Vergebung:

— Herr Jesus Christus, du willst unseren Blick weiten für eine neue Zukunft, wir aber halten an unserem begrenzten Blickwinkel fest.
Herr, erbarme dich.

— Herr Jesus Christus, du hast uns die Gemeinschaft mit deinem Vater zugesagt, wir aber wollen unter uns bleiben.
Christus, erbarme dich.

— Herr Jesus Christus, du hast uns vorgelebt, wie Menschsein sich in einem gelungenen Leben entfalten kann, wir aber vertrauen auf uns selbst.
Herr, erbarme dich.

Versöhne uns mit dir, denn wir sind auf dich angewiesen, ohne dich sind wir verloren — du bist unser Gott! Amen.

## Tagesgebet

Herr und Gott, mit unseren Befürchtungen und Ängsten kommen wir zu dir, denn manchmal wissen wir wirklich nicht, wie es weitergehen soll und was uns die Zukunft noch bringen soll. Bei dir können wir uns sicher fühlen, denn du stehst auf unserer Seite und vergißt uns nicht. Wenn wir wissen, daß du unser ständiger Begleiter bist, fällt uns vieles leichter, und wir können unsere Aufgaben unbeschwerter angehen. Dafür wollen wir dir mit Jesus Christus, deinem Sohn, danken. Amen.

## Lesung

Ist Gott für uns, wer ist dann gegen uns? Er hat seinen eigenen Sohn nicht verschont, sondern ihn für uns alle hingegeben — wie sollte er uns mit ihm nicht alles schenken? Wer kann die Auserwählten Gottes anklagen? Gott ist es, der gerecht macht. Wer kann sie verurteilen? Christus Jesus, der gestorben ist, mehr noch: der auferweckt worden ist, sitzt zur Rechten Gottes und tritt für

uns ein. Was kann uns scheiden von der Liebe Christi? Bedrängnis oder Not oder Verfolgung, Hunger oder Kälte, Gefahr oder Schwert? In der Schrift steht: Um deinetwillen sind wir den ganzen Tag dem Tod ausgesetzt; wir werden behandelt wie Schafe, die man zum Schlachten bestimmt hat. Doch all das überwinden wir durch den, der uns geliebt hat. Denn ich bin gewiß: Weder Tod noch Leben, weder Engel noch Mächte, weder Gegenwärtiges noch Zukünftiges, weder Gewalten der Höhe oder Tiefe noch irgendeine andere Kreatur können uns scheiden von der Liebe Gottes, die in Christus Jesus ist, unserem Herrn.
*Röm 8,31–39*

## Zukunftsvorstellungen
## Aktive Mitgestaltung durch die Jugendlichen

*Vorbemerkung*
Vor dem Gottesdienst erhält jeder Teilnehmer einen Zettel und einen Filzstift.

*Erläuterung*
Am Anfang dieses Gottesdienstes fiel das Schlagwort „No future“, und es wurde kurz auf die Ursachen für diese Einstellung hingewiesen. Dennoch hat jeder von uns Vorstellungen von seiner Zukunft, wie sie trotz aller Hindernisse doch Gestalt annehmen kann. Träume sind legitim, und jeder von uns sollte sie haben, weil sie uns zu Aktivitäten in Richtung ihrer Verwirklichung veranlassen.
Damit sich jeder von euch in diesem Gottesdienst wiederfinden kann, bitte ich euch, eure Träume, eure Zukunftsvorstellungen kurz zu überdenken und sie auf die ausgeteilten Zettel zu schreiben. Ihr braucht sie nicht ausführlich zu formulieren, dazu reicht die Zeit nicht, es genügen auch Stichpunkte.

*Durchführung*
Nach einer kurzen Stille schreiben die Jugendlichen ihre Zukunftspläne auf die Zettel und legen sie auf den Altar. Während dieser Zeit kann ein Instrumentalstück gespielt werden oder Meditationsmusik vom Band.
Sind alle Zettel abgegeben, so kann eine Gruppe Jugendlicher einige Gedanken vorlesen, damit die Teilnehmer des Gottesdienstes einen Eindruck von den Zukunftsvorstellungen der anderen bekommen.
In der sich anschließenden Ansprache werden die Gedanken der Jugendlichen aufgegriffen und zusammengefaßt. Die Ansprache sollte soweit wie möglich darauf abgestimmt sein.
Hier können nur Leitgedanken vorformuliert werden:

## Leitgedanken für die Ansprache

*1. Schritt: Zusammenfassung der Gedanken der Jugendlichen*

- Es können Erwartungen der Jugendlichen an das Leben herausgeschält werden und die Chancen ihrer Verwirklichung aufgezeigt werden.
- Desgleichen können Befürchtungen der Jugendlichen zur Sprache kommen.
- Die soziale Komponente der Zukunftsvorstellungen kann herausgearbeitet werden, also die Verflochtenheit des einzelnen in soziale Gruppen.
- Der eigene Beitrag zur Erfüllung der geäußerten Pläne kann den nicht bestimmbaren Rahmenbedingungen gegenübergestellt werden, z. B. der gegenwärtigen sozio-kulturellen und ökonomischen Situation.

*2. Schritt: Barrieren und Hindernisse zur Verwirklichung der eigenen Vorstellungen*

- Die weltweite Situation kann in ihrer vielfachen Bedrohung dargestellt werden und in ihren Einflüssen auf das individuelle Leben.
- Es kann der Begriff „Zufall" aufgegriffen und kritisch hinterfragt werden.
- Die eigenen Unzulänglichkeiten und Defizite können als Hindernisse zur Verwirklichung der Zukunftspläne angeführt werden.
- Der fördernde bzw. hemmende Einfluß der Gesellschaft, in der wir leben, kann im Hinblick auf die Verwirklichung der eigenen Zukunftsträume dargelegt werden.

*3. Schritt: Hoffnung wider alle Hoffnungslosigkeit — Gott mit uns*

- Die Zusagen Christi können in den Mittelpunkt gestellt werden, denn er will unser Rückhalt sein, auch wenn die Zukunft nicht so rosig aussieht.
- Als Christen sollen wir aus der Hoffnung auf eine geglückte Zukunft leben, wenn wir die Zusagen Christi ernst nehmen.
- Wir sind nicht allein in dieser Welt, weil Gott unser Begleiter sein will. Er ist das Unterpfand für unsere Zukunft. Deshalb dürfen wir unsere Zukunftsangst an ihm relativieren.
- Selbst über dieses Leben hinaus bietet uns Gott eine Zukunft in seiner Nähe. Auch wenn unsere Wünsche im „Hier und Jetzt" unerfüllt bleiben, so sagt er uns ein ewiges Leben in Glück und Zufriedenheit zu.

## Evangelium

Sorgt euch nicht um euer Leben und darum, daß ihr etwas zu essen habt, noch um euren Leib und darum, daß ihr etwas anzuziehen habt. Ist nicht das Leben wichtiger als die Nahrung und der Leib wichtiger als die Kleidung? Seht euch die Vögel des Himmels an: Sie säen nicht, sie ernten nicht und sammeln keine Vorräte in Scheunen; euer himmlischer Vater ernährt sie. Seid ihr nicht viel mehr wert als sie? Wer von euch kann mit all seiner Sorge sein Leben auch nur um eine kleine Zeitspanne verlängern? Und was sorgt ihr euch um eure Kleidung? Lernt von den Lilien, die auf dem Feld wachsen: Sie arbeiten nicht und spinnen nicht. Doch ich sage euch: Selbst Salomo war in all seiner Pracht nicht gekleidet wie eine von ihnen. Wenn aber Gott schon das Gras so prächtig kleidet, das heute auf dem Feld steht und morgen ins Feuer geworfen wird, wieviel mehr dann euch, ihr Kleingläubigen! Macht euch also keine Sorgen und fragt nicht: Was sollen wir essen? Was sollen wir trinken? Was sollen wir anziehen? Denn um all das geht es den Heiden. Euer himmlischer Vater weiß, daß ihr das alles braucht. Euch aber muß es zuerst um sein Reich und um seine Gerechtigkeit gehen; dann wird euch alles andere dazugegeben.
Sorgt euch also nicht um morgen; denn der morgige Tag wird für sich selbst sorgen. Jeder Tag hat genug eigene Plage.
*Mt 6,25–34*

## Zum Glaubensbekenntnis

Unser GOTT ist der Schöpfer
der Welt, der Natur
und des freien Willens des Menschen,
und doch viel mächtiger als alle Gewalten.
Unser Gott ist etwas Unbegreifbares,
dennoch ist er nicht abstrakt,
sondern das „Du",
das mir am nächsten kommt,
mit dem ich reden kann,
das mir Antworten gibt,
das mich anruft.
Unser Gott ist der Ursprung
und das Ziel allen Lebens,
allen Sehnens, der ganzen Geschichte.
Unser Gott ist der allmächtige VATER.

Unser Gott ist ein guter Freund
in JESUS CHRISTUS,
der wichtigste Mensch,
der den Menschen
in all ihren Nöten zur Seite steht,
der uns von Sünden und Tod befreit hat,
der uns der Weg zum ewigen Leben
über den Tod hinaus ist.
Er ist nicht nur Handlungsvorbild
in konkreten menschlichen Situationen,
sondern selbst auch der vollkommenste Mensch.
Er war fähig, die Liebe Gottes auszudrücken,
und fordert uns auf, es ihm gleichzutun
im Zusammenleben mit unseren Mitmenschen.
Durch ihn gelangen wir zum ewigen Leben.

Unser Gott ist der HEILIGE GEIST,
der uns begeistert,
der unser Gewissen wachruft,
der unsere Sehnsucht zum Guten erweckt,
der uns Liebe zum Wort Gottes geben kann,
der unsere Phantasie zur Liebe anregt,
der unseren Mut und unsere Kraft stärkt,
Gemeinschaft aller Gläubigen zu sein,
der uns zur Versöhnung mit Gott
und mit unseren Mitmenschen aufruft.
*Ortrud (20), Rupert (17), Tini (17); Buxheim 1984*

**Fürbitten**

*Vorbemerkung*
In diesem Gottesdienst sollen aktuelle Fürbitten zur Sprache kommen, die sich auf das derzeitige Weltgeschehen beziehen. Zu diesem Zweck werden Zeitungsausschnitte herangezogen und als Grundlage für die Fürbitten verwendet. Im folgenden werden konkrete Beispiele gegeben, die aber nicht einfach übernommen werden sollen. Vielmehr ist daran gedacht, daß bei der Gestaltung der Fürbitten aktuelle Zeitungsmeldungen selbst zusammengestellt und ins Fürbittgebet aufgenommen werden.

In der *Süddeutschen Zeitung* vom 20. Mai 1985 lesen wir:

### Blüm: Not in neuer Form

**Stuttgart** (ddp)
In der Bundesrepublik gibt es nach Auffassung von Bundesarbeitsminister Norbert Blüm „Not in neuer Form“. Im Süddeutschen Rundfunk faßte er unter diesem Begriff die Einsamkeit der Alten und die Isolierung der Arbeitslosen zusammen. Der CDU-Politiker forderte dazu auf, die soziale Frage nicht auf die Diskussion über Heller und Pfennig zu beschränken. Es könne „sehr kalt werden in einer Gesellschaft, die Wohlstand hat und wenig Nachbarschaft“. Als Hauptaufgabe der Politik bezeichnete Blüm die Vollbeschäftigung. Sie könne aber nicht von der Regierung allein herbeigeführt werden, vielmehr hätten die Unternehmer die Hauptverantwortung zu tragen. Ihre Ertragslage sei „hervorragend“.

Herr und Gott, steh allen bei, die durch Alter und Arbeitslosigkeit an den Rand unserer Gesellschaft gedrängt werden, und gib ihnen die Gewißheit, daß sie von dir angenommen und gehalten werden.

Folgende erschreckende Zeitungsmeldung war in der *Frankfurter Allgemeinen* vom 20. Mai 1985 zu finden:

### Drei Jungen nehmen sich zusammen das Leben

AACHEN, 20. Mai (AP). Nach dem gemeinsamen Selbstmord dreier Jugendlicher in Aachen hat die Polizei am Montag das Motiv mitgeteilt. Aus den Abschiedsbriefen der fünfzehn, siebzehn und neunzehn Jahre alten Freunde gehe eine „Null-Bock-Einstellung“, Lebensüberdruß also, hervor. Die Jungen hatten sich in einem Auto mit Auspuffgasen vergiftet. Ein Sechzehnjähriger, der ebenfalls in dem Wagen saß, überlebte. Er befand sich am Montag außer Lebensgefahr.

Herr und Gott, ermutige alle Jugendlichen, die in ihrem Leben keinen Sinn mehr sehen, und stärke sie durch deine Zusagen.

Bezüglich des fast schon vergessenen Krieges zwischen dem Irak und dem Iran lesen wir am 22. Mai 1985 in der *Süddeutschen Zeitung:*

**Der Irak will weiterkämpfen**

**Manama (AP)**

**Der Irak hat am ersten Tag des heiligen islamischen Fastenmonats Ramadan bekanntgegeben, er werde den Golfkrieg gegen den Iran „auf dem Lande, in der Luft und auf dem Wasser" fortsetzen, weil der Iran ein irakisches Waffenstillstandsangebot aus Anlaß des Fastenmonats zurückgewiesen habe. Der Irak bedauere die iranische Haltung und werde jeden Angriff abwehren, „um den iranischen Herrschern eine neuerliche Lehre zu erteilen". In Bagdad teilte ein Militärsprecher mit, die irakische Luftwaffe habe in der Nähe der iranischen Ölverladeinsel Kharg wieder ein „großes Seeziel" (Tanker) angegriffen.**

Herr und Gott, schenke den Anführern im iranisch-irakischen Krieg Einsicht und Vernunft, damit weiteres Blutvergießen verhindert werden kann.

## Gabengebet

Gütiger Vater, zu dir kommen wir mit unseren Gaben, damit du sie uns verwandelt zurückgibst in der Gegenwart deines Sohnes Jesus Christus. Er hat sich für uns am Kreuz geopfert, und nun will er uns seine Liebe darin erweisen, daß er sich mit uns verbündet und verbindet. Er steht zu uns, heute und alle Tage unseres Lebens. Amen.

## Zum Vaterunser

Im Vaterunser beten wir darum, daß sein Reich komme, in dem es keine Streitereien und keinen Krieg gibt, weil es sich nicht um einen Herrschaftsbereich handelt, wie wir ihn verstehen. Mit Christus ist das Reich Gottes schon angebrochen, und wir sind immer wieder aufgerufen, unseren Beitrag zu leisten, um diesem Reich zum Durchbruch zu verhelfen. So wollen wir beten: Vater unser . . .

## Zum Friedensgruß

In den Fürbitten wurde uns vielleicht klar, daß nicht in erster Linie der Friede das Hauptmotiv für politisches Handeln ist, sondern die eigenen Interessen und der eigene Vorteil. Es ist eine Utopie zu glauben, wir könnten uns selbst

einen andauernden Frieden schaffen — vielmehr sind wir auf Christus angewiesen, der uns den vom Vater zugesagten Frieden bringen will. Und so wünsche ich euch allen:
Der Friede unseres Herrn Jesus Christus sei allezeit mit euch!

## Nach der Kommunion

Christus, du unsere Zuversicht,
du unsere Zuflucht,
du unser Schutz,
du unser Halt,
du unser Begleiter,
du unser Fürsprecher,
du unser „Ein und Alles",
du unsere *Zukunft!*
Christus, schenke uns deine Nähe,
schenke uns deine Liebe,
schenke uns dein Vertrauen,
schenke uns eine *Zukunft!*

## Schlußgebet

Guter Gott, wir durften mit dir feiern und dir unsere Befürchtungen und Ängste mitteilen, weil wir wissen, daß du sie ernst nimmst und auf sie reagierst. Du bist der Gott der Geschichte, der den Menschen zwar Handlungsfreiheit geschenkt hat, aber dennoch immer wieder helfend eingreift. Sichere uns eine Zukunft bei dir in Gemeinschaft mit deinem Sohn Jesus Christus, unserem Bruder. Amen.

## Sendung / Segen

Wir dürfen uns sicher sein, daß Gott mit uns ist, auch wenn wir mit diesem Gottesdienst zu Ende gekommen sind. Er will uns in unserem Alltag begleiten und uns zur Seite stehen. Und wenn wir wissen, daß wir nicht allein gelassen sind, fällt uns der Glaube an eine Zukunft leichter.
Daß Gott uns auch weiterhin begleiten möge, dazu segne uns der Vater, der Sohn und der Heilige Geist. Amen.

# Volle Kraft voraus

# Zu den Quellen des Glücks

**Begrüßung / Eröffnung**

Liebe Jugendliche,
einen herzlichen Willkommensgruß euch allen zu diesem Gottesdienst, in dem wir die Quellen des Glücks aufspüren wollen.
Für jeden wird Glück ein anderes Gesicht haben: Was für die meisten von uns selbstverständliche Alltagserfahrung ist, kann für einen anderen unwahrscheinliches Glück bedeuten. Daß ich z. B. mit meinen gesunden Augen die Schönheiten dieser Welt sehen kann, darüber denke ich kaum nach – wie glücklich wäre mancher Blinde, wenn er auch nur für wenige Augenblicke sehen könnte. Der Alltagstrott geht uns oft auf die Nerven: der Gang zur Schule, die langweiligen Kollegen am Arbeitsplatz, die konservativen Eltern – wie gerne würde ein Querschnittsgelähmter alle diese Dinge dankbar und glücklich in Kauf nehmen, wenn er nur wieder selber gehen könnte.
Das Glück hat viele Gesichter, für jeden sieht es anders aus. Die Quellen des Glücks dürften allerdings im wesentlichen gleich sein. Wir wollen sie erforschen und vielleicht wieder zu ihnen zurückkehren, damit unser Leben wirklich glückt und damit wir anderen Menschen helfen können, daß auch sie Glück erfahren dürfen.
Wir wollen diesen Gottesdienst beginnen im Namen Gottes:
Im Namen des Vaters und des Sohnes und des Heiligen Geistes. Amen.

Der Herr sei mit euch.
Bevor wir das Wort Gottes in uns aufnehmen und das heilige Opfer feiern, wollen wir vor Gott und voreinander unsere Schuld bekennen:
Ich bekenne . . .

Der allmächtige Gott erbarme sich unser, er lasse uns in unserem Leben die Quellen des Glücks erfahren, und führe uns einst zum ewigen Leben. Amen.

## Tagesgebet

Gott, dein Wort bringt Licht und Freude in die Welt, dein Wort schenkt Hoffnung und Glück. Es macht unser Leben reich und sinnvoll. Dein Wort stiftet Frieden und Versöhnung unter den Menschen.
Gib uns die Offenheit, daß wir dein Wort nicht achtlos überhören. Mache uns aufnahmebereit für dein Wort und für den Inhalt deiner Botschaft, die uns dein Sohn gebracht hat.
Darum bitten wir durch Jesus Christus.

## 1. Lesung

Herr, deine Güte reicht, so weit der Himmel ist,
deine Treue, so weit die Wolken ziehn.
Deine Gerechtigkeit steht wie die Berge Gottes,
deine Urteile sind tief wie das Meer.
Herr, du hilfst Menschen und Tieren.
Gott, wie köstlich ist deine Huld!
Die Menschen bergen sich im Schatten deiner Flügel,
sie laben sich am Reichtum deines Hauses;
du tränkst sie mit dem Strom deiner Wonnen.
Denn bei dir ist die Quelle des Lebens,
in deinem Licht schauen wir das Licht.
*Ps 36,6–10*

## 2. Lesung: Anklage

*1. Jugendlicher:*
Du, Gott, sag' mal:
Lebst du? Gibt es dich überhaupt?
Bist du wirklich da und ein Gott der Menschen?
Warum gibt es Haß, Not und Elend, ja sogar Krieg auf der Welt?
Warum gibt es Menschen, die steinreich sind
und deren Herzen hart wie Stein geworden sind?

*2. Jugendlicher:*
Und warum gibt es Menschen, die bitter arm sind
und im Elend leben,

Menschen die Hunger haben
und vor Hunger sterben?
Warum gibt es so viele junge Menschen ohne Arbeit,
warum gibt es so viele junge Menschen,
die Drogen nehmen,
die alkoholkrank sind,
die auf den Bahnhofsvorplätzen auf „Kundschaft“ warten?

*3. Jugendlicher:*
Du, Gott, sag uns mal:
Warum bestrafst du nicht die Verbrecher und Mörder
und die Kindesentführer und Kindesschänder?
Warum hilfst du mir nicht, wenn ich Hilfe brauche?
Warum sind manche Menschen
blind
und taub
und
stumm?
Warum gibt es auf dieser Welt
unter den Menschen,
unter uns
so viel Pfützen mit Schmutz und Dreck
statt klare Quellen
mit trinkbarem Wasser?

*4. Jugendlicher:*
Du, Gott, sag uns mal:
Warum beweist du uns nicht, daß es dich gibt?
Warum lebst du nicht so wie wir?
Warum fällt es uns so schwer,
an dich zu glauben,
dich zu lieben?
Und noch eins:
Warum ist der Sonntagsgottesdienst oft so langweilig?

*Priester (oder Diakon):*
Du, Mensch, spricht Gott:
Die Fragen, die du stellst, sind ganz schön hart,
aber du *fragst,*
und das bedeutet:

du *glaubst* an mich,
daß ich DA bin,
daß es mich gibt,
daß ich ansprechbar bin.

## Evangelium

Da kam eine samaritische Frau, um Wasser zu schöpfen. Jesus sagte zu ihr: Gib mir zu trinken! Seine Jünger waren nämlich in den Ort gegangen, um etwas zum Essen zu kaufen. Die samaritische Frau sagte zu ihm: Wie kannst du als Jude mich, eine Samariterin, um Wasser bitten? Die Juden verkehren nämlich nicht mit den Samaritern. Jesus antwortete ihr: Wenn du wüßtest, worin die Gabe Gottes besteht und wer es ist, der zu dir sagt: Gib mir zu trinken!, dann hättest du ihn gebeten, und er hätte dir lebendiges Wasser gegeben. Sie sagte zu ihm: Herr, du hast kein Schöpfgefäß, und der Brunnen ist tief; woher hast du also das lebendige Wasser? Bist du etwa größer als unser Vater Jakob, der uns den Brunnen gegeben und selbst daraus getrunken hat, wie seine Söhne und seine Herden?
Jesus antwortete ihr: Wer von diesem Wasser trinkt, wird wieder Durst bekommen; wer aber von dem Wasser trinkt, das ich ihm geben werde, wird niemals mehr Durst haben; vielmehr wird das Wasser, das ich ihm gebe, in ihm zur sprudelnden Quelle werden, deren Wasser ewiges Leben schenkt.
*Joh 4,7–14*

## Ansprache

Liebe Jugendliche, wir sind wohl alle überzeugt, daß, wenn Glück käuflich wäre, die Reichen die glücklichsten Menschen auf der Welt wären. Daß Glück nicht zu kaufen ist, beweist uns besonders die Tatsache, daß es viele Menschen gibt, die zwar alle möglichen materiellen Güter haben, aber dennoch unglücklich sind. Andererseits erlebt man immer wieder Menschen, die kaum etwas besitzen, die z. B. in einer alten Hütte leben, aber sehr glücklich und zufrieden sind. Die Quelle des Glücks kann also wohl nicht die Finanzquelle sein, auch wenn sie noch so üppig sprudelt.
Viele Werbeagenturen und Lotteriegesellschaften machen uns das Glück schmackhaft, aber wir wissen nur zu gut, wie hauchdünn die Chancen sind, die uns da oft versprochen werden. Auf solches Glück seine Hoffnung setzen, wird wohl nur in den seltensten Fällen ohne Enttäuschung ausgehen.
Was ist denn nun die Quelle des Glücks?

Dazu eine kleine Geschichte: Ein reicher Mann hatte so viel Geld, daß er sich Tag und Nacht in seinem Bungalow einschließen mußte, damit ihm keiner sein Geld stehlen würde. Seine einzige Beschäftigung bestand darin, täglich sein vieles Geld zu zählen und immer wieder neue Verstecke für sein Geld zu suchen. Der wohlhabende Mann, der sich hermetisch von seiner ganzen Außenwelt abschloß, bemerkte gar nicht, wie einsam er wurde. Eines Tages wurde der reiche Mann krank. Er ließ für sein Geld die teuerste Medizin aus aller Welt einkaufen, aber er wurde und wurde nicht gesund.
Da erzählte man ihm von einer uralten Frau, die in einem einsamen Waldhäuschen lebte und die die Gabe habe, Menschen wie ihn zu heilen. Eines Nachts schlich er sich zu dieser Frau, nachdem er zuvor sein Haus doppelt verriegelt hatte — schließlich hatte er einen großen Besitz. Als er zu der Frau kam, wunderte er sich über ihr einfaches Leben und wunderte sich vor allem darüber, daß die Frau sich sehr viel Zeit für ihn nahm: Sie sprachen zwei Stunden miteinander über alles Mögliche und der reiche Mann vergaß sogar, von seiner Krankheit zu sprechen. Schon auf dem Heimweg spürte er Linderung; nach einer guten Nacht und tiefem Schlaf fühlte er sich wieder völlig gesund. Da muß ich doch der alten Frau eine kleine Belohnung zukommen lassen, dachte der Reiche bei sich, und so machte er sich eines Nachts wieder auf den Weg zu ihr. Doch wie erstaunt war er, als die Frau sein Geld nicht annahm: „Mit Menschen zusammenzusein, ihnen zuzuhören, ihnen Mut zu machen, das ist mein Kapital und das ist mein Glück!“, erklärte sie.
Es ist nicht bekannt, was sie dem Reichen noch alles gesagt hat; nur ging er jetzt öfter zu dieser reichen, armen, alten Frau, und die menschliche Nähe dieser Frau machte ihn sehr glücklich, und als er eines Tages begann, seinen ganzen Reichtum zu verteilen und sehr viele Freunde gewann, da merkte er, was wirklich „Glück“ bedeutet: nämlich die Nähe von Menschen.

Liebe junge Christen, wenn wir zu den Quellen des Glücks vorstoßen wollen, müssen wir, nach meiner Überzeugung, unser *Ich* überwinden, unseren Egoismus bekämpfen und uns einem *Du* zuwenden, wohlgemerkt: zuwenden — nicht einkaufen!
Im heutigen Evangelium können wir unmißverständlich erfahren, daß Jesus die tiefste und eigentlichste Quelle des Glücks bzw. des geglückten Lebens ist. Wer aus der „Quelle Jesus“ trinkt, bekommt nie mehr Durst, das heißt, seine Sehnsucht nach Glück und Geborgenheit wird ein für allemal gestillt sein. Ja, wer aus dieser Quelle trinkt, wird nicht nur vom „Durst“ befreit, sondern er wird selber zur Quelle für andere; für die vielen Menschen, die leer und ausgetrocknet sind, weil sie keinen Menschen haben, weil sie an den Rand gedrängt werden, weil sie ohne Glauben, ohne Hoffnung und ohne Liebe leben oder

weil sie so sehr vom Leben enttäuscht sind, daß „nichts mehr geht". All diesen Menschen will Jesus selbst und durch uns Quelle sein, Quelle des Glücks, der neuen Lebenshoffnung und — vor allem — Quelle des ewigen Lebens.
Das Problem liegt, so glaube ich, darin, daß viele Menschen — wie die samaritische Frau im Evangelium — diese Quelle gar nicht kennen und deshalb auch nicht aus ihr schöpfen können. Für uns, liebe Freunde, sollte es eine echte Verpflichtung sein, auf diese Quelle hinzuweisen und sie den Mitmenschen zu erschließen. Materielle Dinge können letztlich keine Quelle des Glücks sein, das erleben wir so oft im konkreten Alltag. Wenn wir uns bemühen, zuverlässige Kameraden und Freunde zu sein, wenn wir den anderen nicht „hängen lassen" und auch dann zu ihm stehen, wenn es schwierig ist, dann erlebt er etwas von dem, was Jesus unter „sprudelnder Quelle" versteht. Dann können wir auch damit rechnen, daß ein solcher Mensch zur eigentlichen Quelle Jesus findet.
Damit wir so, liebe Jugendliche, Quelle sein können, aus der manche Ermattete und Dürstende trinken und sich neu stärken, ist es natürlich auch notwendig, daß wir selber auch immer wieder diese Glücksquelle Jesus aufspüren, aus ihr trinken und uns für unseren Lebensweg rüsten. Zugegebenermaßen ist diese Quelle nicht immer ganz leicht zu finden. Man muß schon ein bißchen Geduld haben und suchen und sicher auch manchmal gegen den Strom der Zeit und der Meinungen schwimmen. Aber es lohnt sich, diese Quelle zu suchen, auch wenn wir um ihretwillen manche andere trübe Quelle aufgeben müssen.
Ich wünsche uns allen, liebe Jugendliche, daß wir in unserem konkreten Lebensalltag immer wieder zur eigentlichen Lebensquelle hinfinden, zu Jesus Christus, der „jeden Dürstenden umsonst aus der Quelle trinken läßt, aus der das Wasser des Lebens strömt" (vgl. Offb 21,6).

## Zum Glaubensbekenntnis

Ich glaube an Gott,
den guten Vater,
der Himmel und Erde
für uns Menschen geschaffen hat,
damit wir uns wohlfühlen
und leben können.
Ich glaube an Jesus Christus,
den Urquell des Lebens,
der die Durstigen umsonst trinken läßt
und sie wieder stark macht

für den Lebensalltag;
der selber viel mitgemacht hat,
der gelitten hat,
der gekreuzigt wurde,
der starb und von den Toten auferstand
und schließlich in den Himmel auffuhr
und dort bei Gott ist.
Ich glaube auch
an den Heiligen Geist,
der dem Lebensquell immer wieder neue Energie gibt
und in seiner Kirche
und in uns
den Lebensnerv immer wieder trifft.
Ich glaube und vertraue,
daß auch ich Quelle sein darf
hier auf Erden
und einmal bei DIR im Himmel.
Amen.

### Fürbitten

Vater im Himmel, dein Vertrauen in uns Menschen ist ohne Grenzen, weil du uns liebst. Du nimmst uns an, wie wir sind; deshalb dürfen wir dich auch bitten:

— Vater, du bringst uns Menschen dein volles Vertrauen entgegen: Laß uns aus diesem Vertrauen leben und aus ihm im täglichen Miteinander neue Kraft schöpfen für alles, was auf uns zukommt.
— Vater, durch den Tod deines Sohnes Jesus Christus wurde uns Menschen deine selbstlose Liebe offenbar: Öffne unser Herz für diese Liebe, damit wir sie unserem Nächsten, wer immer es auch sein mag, weiterschenken können.
— Jesus Christus, die alten und jungen Menschen in unserer Welt stehen oft im unnötigen Streit, weil sie kein Verständnis oder zu wenig Vertrauen füreinander aufbringen: Sei du Vermittler zwischen den Generationen.
— Herr, viele junge Menschen verzweifeln heute, weil ihre Zukunft verbaut scheint: Zeige du ihnen einen Weg, damit sie ihre Zukunft gestalten können.

— Vater, oft erfahren wir Menschen, daß wir unvollkommen und schwach sind: Sei du unsere Stütze und unser Halt, wenn wir dies verspüren.
— Vater, mit vielen Menschen kommen wir scheinbar gut aus, oft aber spielen wir mit verdeckten Karten: Hilf uns, offen aufeinander zuzugehen ohne Vorurteile, damit aus unserer Oberflächlichkeit gelebtes Vertrauen wird.
— Herr, unsere Arbeitsplätze sind aus den verschiedensten Gründen in Gefahr: Schenke uns Zuversicht, wenn uns das Los der Arbeitslosigkeit trifft, und gib den Arbeitgebern Verantwortungsbewußtsein für die junge Generation.
— Vater, manchmal reißt der Tod eines lieben Menschen eine große Lücke in unser Leben: Laß uns daran denken, daß der Tod nicht das Ende ist, sondern ein echter Neubeginn.
— Guter Vater, manchmal haben wir das Gefühl, allein zu sein, und meinen, daß kein Mensch an uns denkt; dann vertrauen wir auf deine Nähe: Laß uns aber auch sensibel sein für die anderen Menschen, und laß uns spüren, wenn sie uns brauchen.

Guter Vater, das sind unsere Bitten, die wir dir heute sagen wollen. Jeder von uns hat noch andere Bitten auf dem Herzen — du kennst sie. Hilf uns weiter, begleite uns in unserem Alltag, und sei für uns eine Quelle der Hoffnung und der Freude. Amen.

## Gabengebet

Guter Gott, das Brot, das wir dir bringen und miteinander brechen wollen, erinnert uns daran: Wir sind eine Gemeinschaft und stehen unter deinem Wort und leben in deiner Liebe.
Gib, daß wir keinem die Quelle des Lebens verwehren oder gar vergiften, hilf uns, daß wir keinen im Stich lassen, der deinen heiligen Leib mit uns teilt. Laß uns keinen verurteilen und ausgeschlossen sein.
Wie du diese Gaben verwandelst, so verwandle auch uns und mache Menschen aus uns, die Quelle sind für die anderen und keine Pfützen.
Darum bitten wir durch Jesus Christus, unsern Herrn. Amen.

## Zum Vaterunser

Vater, du bist in unserer Mitte,
wir sind deine Kinder —

nicht unmündige Kinder,
nicht abgeschobene Kinder,
nicht Schlüsselkinder.
Nein,
wir sind der Mittelpunkt
deiner Liebe,
die Zielscheibe
deiner Güte,
der Anker
deiner Treue.

## Zum Friedensgruß

Im Frieden leben
erfordert nicht großartige Worte,
erfordert keine langen Märsche,
sondern
erfordert viele kleine Schritte.

## Vor der Kommunion

Du Quelle des Lebens
Quell der Hoffnung
Quell der Zukunft
Quell der Freude
Quell der Liebe
Quell der Treue
wir dürfen kommen
wir dürfen sehen
wir dürfen schöpfen
wir dürfen trinken
wir werden
Quelle
für andere.

**Nach der Kommunion**

Herr,
du fängst mich auf,
du gibst mir Mut und neue Perspektiven,
du stellst mich wieder auf die Füße,
du gibst mir eine neue Richtung, ein neues Ziel:
*mit* DIR
*zu* DIR,
dem Quell des Lebens.

**Schlußgebet**

Herr, unser Gott, unser Leben hat einen neuen Sinn bekommen, weil wir miteinander an einer Quelle waren und aus dieser Quelle schöpfen durften. Das überwindet Barrieren und Widerstände, das reißt Mauern ein und Zäune und läßt uns immer wieder zur Quelle finden, weil wir nie genug davon bekommen können und nie genug daraus schöpfen können. Laß uns überlaufen und so zum Quell werden für die anderen. Amen.

**Segen / Sendung**

Liebe junge Freunde, gemeinsam haben wir die Quelle gefunden: Ich glaube ganz fest, daß die Begegnung miteinander und die Begegnung mit Christus diese Glücksquelle ist. Ich wünsche uns allen, daß wir nicht allein aus dieser Glücksquelle trinken wollen, sondern unsere Freude an dieser Quelle mit den anderen teilen, besonders mit denen, die am Verdursten sind.
Dazu segne und behüte euch der allmächtige Gott, der Vater und der Sohn und der Heilige Geist. Amen.

Gehet hin in Frieden, und schöpft aus der Quelle des Glücks!

# Zu-neigung schenken

**Begrüßung / Eröffnung**

Liebe junge Christen,
ich freue mich von ganzem Herzen, daß ich diesen Gottesdienst mit euch feiern darf, und begrüße euch alle recht dankbar.
Das Thema, das wir uns für diese Eucharistiefeier gewählt haben, gefällt mir besonders gut, bezeichnet doch das Wort Zu-neigung eine Aktivität, um die wir uns alle besonders bemühen sollen. Wir wollen Gott um die Kraft bitten, uns den Menschen zu-neigen zu können, die uns lieb und teuer sind, aber auch denen, die bisher unsere Zu-neigung noch nicht gespürt haben.
Sich jemandem zu-neigen, das heißt: sich zu ihm neigen, sich bücken. Das ist eine Form des Dienens, die ja im Gegensatz steht zu der Verhaltensform des Beherrschens. Wir wollen keinen be-herrschen, wir wollen be-dienen, und die äußere Form, in der sich das zeigt, ist die Zu-neigung. Ich neige mich dir zu, weil du es mir wert bist, weil ich dich mag; deshalb fällt es mir auch gar nicht schwer, aus meiner aufrechten Haltung auszubrechen, um mich zu neigen, zu ver-neigen. Das hat wohl auch etwas mit Demut zu tun, eine Tugend, die heute nicht mehr sehr gefragt ist. Erst dann, wenn wir es schaffen, uns dem Nächsten zuzuneigen, ihm also zu dienen, erwächst aus dieser äußeren Geste der Zu-neigung die echte innere Haltung der Zuneigung.
Wir wollen uns diese Haltung in diesem Gottesdienst auch von Jesus erbitten, daß er sich uns gütig zu-neige und daß er uns auch weiterhin seine beglückende Zuneigung schenken möge. Wir wollen aber auch um die Bereitschaft bitten, daß wir uns den Menschen zu-neigen können, um so brüderliche Verbundenheit mit ihnen zu bekunden und zu realisieren. So soll aus dem Geschenk liebender Zuneigung Christi in uns die Haltung selbstloser Zuneigung zu den anderen erwachsen.
Im Kreuzestod hat Jesus sich zutiefst zu uns geneigt, um uns von Schuld und Sünde zu erlösen. Das Kreuzzeichen, das an diese Liebestat erinnert, soll uns zu Beginn dieses Jugendgottesdienstes ermahnen, auch unser kleineres oder größeres Kreuz bereitwillig zu tragen — seit ER es trug, hat es einen positiven Sinn für unser Leben bekommen.
Im Namen des Vaters und des Sohnes und des Heiligen Geistes. Amen.

Die Gnade unseres Herrn Jesus Christus, die Liebe Gottes des Vaters und die Gemeinschaft des Heiligen Geistes sei mit euch.

## Kyrie

| | | | | | |
|---|---|---|---|---|---|
| Ich | will | tun, | was | ich | tue, |
| du | willst | tun, | was | du | tust, |
| er | will | tun, | was | er | tut, |
| wir | wollen | tun, | was | wir | tun, |
| ihr | wollt | tun, | was | ihr | tut, |
| sie | wollen | tun, | was | sie | tun. |

Wir alle wollen
gar nicht tun,
was wir tun,
und
tun
es doch!

Herr, erbarme dich unser.
Christus, erbarme dich unser.
Herr, erbarme dich unser.

Der allmächtige Gott erbarme sich unser, er gebe uns die Kraft, das zu tun, was wir tun wollen, und das zu lassen, was wir nicht tun wollen. Amen.

## Tagesgebet

Heiliger Gott, dein Wort bringt Hoffnung und Zuversicht in die Welt. Du mahnst uns, einander zu dienen und füreinander da zu sein, so wie du *da* bist für uns. Gib, daß wir dein Wort nicht überhören, und mach uns bereit, daß wir uns dem Nächsten zu-neigen, um seine Not zu erkennen und um ihm beizustehen.
Darum bitten wir durch Jesus Christus.

## Lesung

Christiane war nach einem schweren Verkehrsunfall querschnittsgelähmt und seitdem an einen Rollstuhl gefesselt; es war für sie ein kaum zu ertragendes Schicksal. Um aber nicht ganz vom lebendigen Leben abgeschnitten zu sein, ließ sie sich zweimal in der Woche in die Fußgängerzone fahren, um das Leben, das sie so geliebt und in vollen Zügen ausgekostet hatte, ein wenig aus der Ferne weiterzubeobachten und ein wenig weiterzuleben. Wie schmerzlich war es jedoch für sie, als sie merkte, wie achtlos man an ihrem Rollstuhl vorbeiging: Kinder, Jugendliche, Mütter, Väter, Alte — alle. Das war härter für Christiane als ihr Rollstuhl, und für sie gab es keine Sonne mehr und keine Blumen und keine singenden Vögel und keine Menschen.
Bis sich eines Tages das Blatt radikal wendete. Es war ein herrlicher Sonnentag für die Menschen, aber nicht für Christiane — bis Thomas kam. Ein junger Mann, der Christiane anschaute, doch Christiane erwiderte seine Blicke nicht, weil sie dachte, daß auch Thomas einer wie die vielen anderen sei. Doch Thomas ließ sich nicht abweisen, er kam näher auf sie zu, und er neigte sich zu Christiane, um mit ihr zu sprechen. Er *neigte* sich ihr *zu*. Zu-neigung begann bei Christiane und Thomas. Und die Sonne schien wieder und Blumen blühten und Vögel sangen und Christiane spürte in ihrem hilflosen, reglosen Körper Kraft, Energie, *Zuneigung* und *neues Leben.*

## Evangelium

Es war vor dem Paschafest. Jesus wußte, daß seine Stunde gekommen war, um aus dieser Welt zum Vater hinüberzugehen. Da er die Seinen, die in der Welt waren, liebte, erwies er ihnen seine Liebe bis zur Vollendung. Es fand ein Mahl statt, und der Teufel hatte Judas, dem Sohn des Simon Iskariot, schon ins Herz gegeben, ihn zu verraten und auszuliefern. Jesus, der wußte, daß ihm der Vater alles in die Hand gegeben hatte und daß er von Gott gekommen war und zu Gott zurückkehrte, stand vom Mahl auf, legte sein Gewand ab und umgürtete sich mit einem Leinentuch. Dann goß er Wasser in eine Schüssel und begann, den Jüngern die Füße zu waschen und mit dem Leinentuch abzutrocknen, mit dem er umgürtet war.
*Joh 13,1—5*

## Ansprache

Liebe Jugendliche, am Beispiel des heutigen Evangeliums wird uns bewußt, daß man die Grenze zwischen der als Dienst verstandenen Zu-neigung und der Zuneigung im Sinne von Liebe kaum oder vielleicht gar nicht ziehen kann. Eines geht in das andere über: Wer dem anderen dient, gewinnt ihn lieb, und umgekehrt, wer den anderen wirklich liebt, der dient ihm.

Jesus gibt uns hier ein wunderbares Beispiel. Wir hören, daß er die Seinen, die in der Welt waren, bis zur Vollendung liebte; als ein äußeres Zeichen dieser Liebe kann der Dienst der Fußwaschung angesehen werden. Jesus neigt sich herunter bis zu den Füßen seiner Jünger; tiefer geht es nicht mehr, deutlicher kann sein brüderlicher Dienst an den Seinen nicht mehr ausgedrückt werden und ebenso nicht seine Zuneigung zu ihnen.

Die Fußwaschung war wohl nur ein äußeres Zeichen seiner Zuneigung. In seinem Leiden und Sterben hat Jesus den eigentlichen Beweis seiner unbegrenzten Liebe und Zuneigung gegeben. Seine Freunde waren ihm mehr wert als sein eigenes Leben. Dabei ist zu beachten, daß *alle* Menschen zum Freundeskreis Jesu gehören: für alle ist er gestorben, für alle, die je gelebt haben und je leben werden, für dich und für mich ist er gestorben. So wichtig sind wir ihm, daß ihm unser Leben wichtiger ist als das seine.

Liebe junge Christen, es ist sicher deutlich geworden in den Texten, die wir in diesem Gottesdienst gehört haben, was Liebe und Zuneigung in ihrem wesentlichen Kern bedeuten. Wenn ich mir im Vergleich dazu die vielen Schlagertexte anhöre, die auch „verkünden", was Liebe ist, und die uns belehren wollen, wie Liebe „geht", dann kann man doch wohl jene nur zutiefst bedauern, die aus solchen Quellen ihre Vorstellungen schöpfen.

Die meisten von euch, liebe Jugendliche, werden jetzt wohl auch eher an einen Menschen denken, dem sie ihre Zu-neigung schenken dürfen und der diese Zu-neigung dankbar annimmt. Eine solche Beziehung ist eine der schönsten Gaben, die Jesus uns gegeben hat.

Nur dann, wenn ihr es schafft, eure Zuneigung als einen selbstlosen Dienst zu verstehen, der den anderen in den Mittelpunkt stellt, *sein* Glück, *seine* Freude, *seine* Zufriedenheit sucht, ja, nur dann können Zuneigung und Liebe immer tiefer werden und ihre festigenden Wurzeln ausbreiten. Wenn mein *Ich* für einen anderen zum *Du* wird, dann kann Leben gelingen. Wenn heute so viele junge und auch ältere Menschen von einem Partner enttäuscht werden, dann liegt es wohl in den meisten Fällen daran, daß sie Zuneigung und Liebe nicht richtig verstanden haben, oder auch daran, daß sie nicht die Kraft oder die Bereitschaft hatten, sich dem anderen wirklich zuzuneigen, ihm dienend beizustehen und alles daranzusetzen, daß *er* sein Glück und seine Lebenserfüllung

findet. Indem ich mich ihm zu-neige und er sich mir zu-neigt, wächst Liebe, die gemeinsames Leben trägt.
Das wünsche ich euch, liebe Jugendliche, von ganzem Herzen: daß ihr in euren Freundschaften und Partnerschaften eine solche Zuneigung erfahrt. Amen.

## Zum Glaubensbekenntnis

Ich glaube an Gott,
den liebenden Vater,
der uns diese Welt geschenkt hat,
auf der Menschen leben,
die
Liebe und Zuneigung füreinander empfinden,
die füreinander einstehen
und sich um den Nächsten kümmern
und die mitdenken,
damit der andere
glücklich sein kann.

Und
ich glaube an Jesus Christus,
der uns das alles vorgelebt hat:
Mitdenken,
Dasein,
Zuneigung,
Liebe bis in den Tod,
der Mutterliebe bei Maria erfahren durfte
und am eigenen Leib spüren mußte,
wie weit Haß einen Menschen treiben kann.

Ich glaube auch an den
Heiligen Geist,
den Geist
der Liebe,
des Verzeihens,
der Vorurteilslosigkeit,
der alles eint,
den Geist
der Harmonie,

der Zu-neigung,
der feurigen Liebe.

Dieser Glaube
an
den Vater
und
den Sohn
und
den Heiligen Geist,
dieser Glaube ist es,
der mein Leben trägt
und der
Zuneigungen beflügelt.

**Fürbitten**

Jesus Christus wurde unser Bruder und hat sich uns zugeneigt, damit wir ewiges Leben erlangen. Zu ihm beten wir:

— Für alle, die Zuneigung schenken: Gib ihnen etwas von deiner Liebe und Selbstlosigkeit.
— Für alle, die Zuneigung empfangen: Laß sie dankbar sein und die empfangene Zuneigung mit Zu-neigung erwidern.
— Für alle, die von einem Menschen enttäuscht wurden: Gib ihnen neue Zuversicht, ihr Leben zu meistern.
— Für alle, die eine bestehende Zuneigung zerstört haben: Laß sie zur Einsicht kommen und ein Wort der Entschuldigung finden.
— Für alle, die Not leiden: Tröste sie, und gib ihnen hilfsbereite Menschen zur Seite.
— Für alle, die den Lebensmut verloren haben: Schenke ihnen gute Freunde, die ihnen neue Lebensperspektiven aufzeigen.
— Für alle, die bereits gestorben sind: Neige dich ihnen zu, und schenke ihnen den Lohn für ihre Liebe.

Herr, unser Vater, du hast uns deinen Sohn Jesus Christus geschenkt, er hat uns Lebensmaßstäbe gegeben. Hilf uns, sie miteinander zu erfüllen. Amen.

## Gabengebet

Gott, unser Vater, nimm unsere Opfergaben gütig an als Zeichen unserer ehrlichen Zuneigung und Liebe. Gib, daß wir mit gläubigem Herzen auf das Kommen deines Sohnes warten. Amen.

## Zum Vaterunser

Im Arm der Mutter oder an der Hand des Vaters erfährt das Kind den Inbegriff aller Zuneigung. So laßt uns zu unserem Vater im Himmel beten, wie Jesus es uns gelehrt hat: Vater unser . . .

## Zum Friedensgruß

Friede bedeutet für mich:
verbinden — nicht trennen
schenken — nicht besitzen
verzeihen — nicht nachtragen
glauben — nicht zweifeln
zu-neigen — nicht beherrschen
zuneigen — nicht übersehen.

Der Friede des Herrn sei allezeit mit euch!

## Vor der Kommunion

Jesus ist bei uns,
er ist in unserer Mitte,
er ist von
ganz oben im Himmel
ganz tief auf die Erde
zu einem jeden von uns
gekommen,
er hat sich
uns zu-geneigt
und
Zuneigung gefaßt.

## Nach der Kommunion

Ich bin
bei euch
alle Tage
bis zum Ende
der Welt.
*Mt 28,20*

## Schlußgebet

Gütiger Gott, bewahre uns in deiner Liebe und Treue, die wir an deinem heiligen Mahl teilnehmen durften. Die Zuneigung deines Sohnes zu uns, die wir immer wieder spüren, möge uns eine Verpflichtung sein, dem Bruder dienend beizustehen.
Darum bitten wir durch Jesus Christus. Amen.

## Segen / Sendung

Liebe junge Christen, die größte Enttäuschung für einen Menschen besteht wohl darin, daß er erfahren muß, daß Zuneigung, die er zu spüren glaubte, nicht echt war.
Wir haben in diesem Gottesdienst erfahren dürfen, worin wirkliche Zuneigung besteht, nämlich in der dienenden Liebe.
Damit ihr diese Liebe und Zuneigung immer erfahren und auch weitergeben könnt, segne euch der allmächtige Gott, der Vater und der Sohn und der Heilige Geist. Amen.

Gehet hin, und bringt den Frieden!

# Zueinander – Miteinander – Füreinander

## Begrüßung / Eröffnung

Liebe Jugendliche,
einigen von euch wurde zu Beginn des Gottesdienstes ein Stück farbiger Karton in die Hand gedrückt, und ihr seid sicher alle schon gespannt, was es damit auf sich hat. In dieser Messe wollen wir nicht nur zuhören, sondern auch selber etwas tun, und zwar alle miteinander, wir wollen uns auch als eine tätige Gemeinschaft erleben. Die einzelnen Kartonstücke sind die einzelnen Teile eines großen Puzzles, das uns Aufschluß über das Thema unseres Gottesdienstes geben soll. Nun bitte ich die, die ein solches Kartonstück bekommen haben, nach vorne zu kommen, um das Puzzle zusammenzusetzen.

*Hinweis*
Handelt es sich um eine Gruppenmesse, so kann sicher jeder Teilnehmer ein Puzzle-Teil bekommen. In einer Gemeindemesse für Jugendliche gibt man die Puzzle-Teile entweder der Vorbereitungsgruppe, oder man verteilt sie wahllos an die Gottesdienstteilnehmer. Die Kartonstücke müssen vorher vorbereitet werden. Auf ihnen steht in großen Lettern das Thema des Gottesdienstes: „Gemeinschaft“.

Vielleicht haben einige von euch schon gedacht, daß es heute um das Thema „Gemeinschaft“ geht. Im gemeinsamen Tun konnten wir uns eben schon als eine Gemeinschaft mit einem bestimmten Ziel erleben, als es uns darum ging, die Frage nach dem Thema unseres heutigen Gottesdienstes anhand des Puzzles zu beantworten. Jeder trug seinen Teil zum Entstehen dieses Puzzles bei, der Beitrag eines jeden von uns war wichtig, um die gestellte Aufgabe zu lösen. Mit dem willkürlichen Zusammenlegen der Teile war es aber lange noch nicht getan, denn es mußte eine bestimmte Struktur gefunden werden. Dazu war das Mitdenken und Mitgestalten notwendig, sonst wäre nie etwas zusammengegangen.
In einer Gemeinschaft ist also das Mitdenken, die Mitverantwortung, der eigene Beitrag zum Ganzen gefragt. Eine Gemeinschaft ist wie dieses Puzzle: zusammengefügt aus den verschiedensten Teilen mit den unterschiedlichsten Formen, die aber letzten Endes doch eine Einheit bilden. Nicht der einzelne Beitrag steht im Vordergrund, sondern das entstandene Ganze, aber dennoch behält jeder Beitrag seine Eigenart.

Denken wir zum Beispiel an eine Fußballmannschaft: Da kommt es doch in erster Linie darauf an, mannschaftsdienlich zu spielen, damit man zum Erfolg kommt. Natürlich muß dazu jeder einzelne Spieler eine gute Leistung bringen, aber nur die Summe der Leistungen und das gegenseitige Spielverständnis unter den Spielern können ein gutes Ergebnis bringen.
Jeder von uns lebt in Gemeinschaften, sei es nun die Schulklasse, die Gruppe der Arbeitskollegen, der eigene Freundeskreis oder die Jugendgruppe, und dort gelten die gleichen Spielregeln. Auch dort kommt es auf unseren Beitrag zu einer gelungenen Gemeinschaft an, auf unser eigenes Engagement für sie.
Auch hier in der Kirche bilden wir eine Gemeinschaft, die Gemeinschaft der Gläubigen. Letztlich geht es dabei um die Gemeinschaft mit Christus, der uns in dieser Eucharistiefeier ganz nahe kommen will. Wir wollen uns jetzt auf diese Gemeinschaft mit ihm vorbereiten.

## Kyrie

Meine Nähe kann anderen Menschen aufhelfen, sie kann ihnen Mut machen — aber manchmal ist mir das egal.
Herr, erbarme dich.

Meine Nähe kann andere Menschen froh machen, sie kann ihnen Freude bringen — aber manchmal ist mir das egal.
Christus, erbarme dich.

Meine Nähe kann Gemeinschaft stiften, sie kann Versöhnung ermöglichen — aber manchmal ist mir das egal.
Herr, erbarme dich.

Zeige uns dein Erbarmen, gütiger Gott, und führe uns in die Gemeinschaft mit Christus, deinem Sohn. Amen.

## Tagesgebet

Guter Vater, du hältst immer deine schützende Hand über uns und willst unser Bestes. Oft sind wir uns deiner ständigen Gegenwart gar nicht bewußt und vertrauen auf uns selbst, auf unsere eigenen Kräfte, oder aber wir zweifeln an uns selbst. Du bist immer mitten in unserer Gemeinschaft, denn du bist einer, der ganz für uns da ist, und deshalb brauchen wir uns keine Sorgen zu machen, heute und zu jeder Zeit. Amen.

## Lesung

Die Gemeinde der Gläubigen war ein Herz und eine Seele. Keiner nannte etwas von dem, was er hatte, sein Eigentum, sondern sie hatten alles gemeinsam. Mit großer Kraft legten die Apostel Zeugnis ab von der Auferstehung Jesu, des Herrn, und reiche Gnade ruhte auf ihnen allen. Es gab auch keinen unter ihnen, der Not litt. Denn alle, die Grundstücke oder Häuser besaßen, verkauften ihren Besitz, brachten den Erlös und legten ihn den Aposteln zu Füßen. Jedem wurde davon so viel zugeteilt, wie er nötig hatte.
*Apg 4,32–35*

## Evangelium

Weiter sage ich euch: Alles, was zwei von euch auf Erden gemeinsam erbitten, werden sie von meinem himmlischen Vater erhalten. Denn wo zwei oder drei in meinem Namen versammelt sind, da bin ich mitten unter ihnen.
*Mt 18,19–20*

## Das Netz unserer Gemeinschaft

*Gedanken zum Evangelium*
Das Evangelium sichert uns die ständige Gegenwart Christi zu, denn er ist immer unter uns, wenn wir uns in seinem Namen versammeln. Wir sind als Christen auf seinen Namen getauft, und unser Schicksal ist eng mit dem von Christus verknüpft. Deswegen gibt er uns die frohmachende Zusage, immer bei uns zu sein, mit uns Gemeinschaft zu pflegen. Insofern ist Gemeinschaft nicht nur etwas rein Menschliches, sondern auch immer eine Vorahnung auf die Gemeinschaft mit Christus, die er durch die Sendung seines Beistandes, des Heiligen Geistes, nicht nur andeutet, sondern direkt vorwegnimmt.
Christus ist also unter uns, auch jetzt in dieser Eucharistiefeier, er will uns ganz nahe kommen. Wir sind als eine Gemeinschaft von Gläubigen vor ihm versammelt und dürfen uns freuen, daß er uns begegnen will. Zum Glauben gehört eine Gemeinschaft, die die Glaubensinhalte verkündigt und vor allem auch glaubwürdig lebt. Jeder von uns verdankt seinen Glauben letztlich der Gemeinschaft der Gläubigen, die die Kirche darstellt und den Glauben weitervermittelt. Wir alle sind lebendige Bausteine dieser Kirche, und an uns allen liegt es, wie gut oder schlecht die Kirche ist, welchen Ruf unsere Gemeinschaft hat, wie gut sie funktioniert, wie sehr es ihr gelingt, Zeugnis zu geben und dieses auch zu leben.

Wir wollen uns nun fragen, was jeder einzelne zum Aufbau dieser Gemeinschaft beitragen kann, was er tun kann, damit die Gemeinschaft gefördert wird. Jeder soll sich in einer kurzen Stille darüber Gedanken machen, die wir dann untereinander austauschen wollen. Die Frage richtet sich an jeden einzelnen: Was kann ich tun, damit *echte* Gemeinschaft möglich wird?

*Gestaltungshinweise*

Nach der kurzen Stille werden die Teilnehmer aufgefordert, ihre Gedanken zu äußern. Findet der Gottesdienst in einer überschaubaren Gruppe statt, so kann jeder sich äußern, handelt es sich um einen Gemeindegottesdienst für Jugendliche, so sollen sich die Mitglieder der Vorbereitungsgruppe äußern. Zu diesem Zweck wäre es gut, wenn sich die Vorbereitungsgruppe schon vor dem Gottesdienst über die gestellte Frage im Rahmen der Vorbereitung Gedanken gemacht hat.

Im Gottesdienst wird der Ablauf folgendermaßen gestaltet: Einem Teilnehmer wird ein Wollknäuel gegeben, nachdem sich dieser geäußert hat, wirft er das Wollknäuel irgendeinem anderen zu, der nun seine Gedanken anbringen kann. Auf diese Weise macht das Wollknäuel seine Runde, so daß zum Schluß ein Netz entsteht, zu dessen Entstehen jeder Teilnehmer beigetragen hat. Die Jugendlichen werden nun aufgefordert, das Netz hochzuheben, damit es für jeden sichtbar wird. Anschließend erfolgt eine Deutung des gemeinsamen Tuns.

Damit sich der Jugendliche im Gottesdienst wiederfindet, sollten die Beiträge der Jugendlichen in dieser erklärenden Deutung aufgegriffen und in einen Zusammenhang gebracht werden. Der folgende Text will also lediglich eine noch zu ergänzende Grundlage darstellen.

*Deutung des Netzes*

Bei der Entstehung dieses Netzes hat jeder von uns seinen eigenen Beitrag geleistet, jeder hat sich nach seinen eigenen Möglichkeiten eingebracht und gesagt, was er tun kann, um die Gemeinschaft zu fördern. So entstand unser Netz, das uns miteinander in Verbindung hält. Dieses Netz ist Symbol für unsere Gemeinschaft, denn auf jeden von uns kommt es an. Wenn nur einer den Faden losläßt, bekommt das Netz eine Schwachstelle und droht zusammenzubrechen. Daran wird sehr schön deutlich, daß wir in der Gemeinschaft aufeinander angewiesen sind, daß wir uns gegenseitig brauchen.

Auch die Vielfalt der Beziehungen in einer Gemeinschaft kommt in unserem Netz zur Geltung, denn es gibt sowohl kurze als auch lange Verbindungen, entsprechend den engeren und loseren Beziehungen in unserem Leben. Eine Gemeinschaft steht und fällt also mit den Beziehungen der Mitglieder untereinander, die so gestaltet sein sollten, daß eine gute Atmosphäre herrscht, daß aber auch jedem Mitglied genügend eigener Freiraum zugestanden wird.

Die Mitte unserer Gemeinschaft ist Christus, obwohl er nicht direkt sichtbar mit in unser Netz hineingeknüpft ist. Deshalb wollen wir von ihm, vom Altar aus, einen Extra-Faden anknüpfen, denn letzten Endes wird das Netz von diesem „Faden nach oben“ gehalten durch Christus, der uns stützen und halten will.

## Fürbitten

Himmlischer Vater, du machst uns das Angebot, mit dir und deinem Sohn eine Gemeinschaft zu bilden. Laß uns dein Angebot annehmen und höre auf unsere Bitten:

— Herr Jesus Christus, du bist mit Sündern umgegangen und hast sie nicht verurteilt. Hilf uns, nicht so sehr auf die Fehler unserer Mitmenschen zu achten, sondern vielmehr das Gute an ihnen zu sehen.
— Um füreinander offen zu sein, müssen wir stets von neuem bereit sein, das Bild zu korrigieren, das wir uns vom andern gemacht haben. Hilf uns, damit wir unserem Nächsten immer wieder die Chance zum Neuanfang geben können.
— Wenn Beziehungen in eine Sackgasse geraten, brauchen wir den Mut, aufeinander zuzugehen. Hilf uns, offen für den Nächsten zu sein, bereit zum befreienden Gespräch.
— Menschliches Zusammenleben erfordert, daß wir den andern als Menschen behandeln. Hilf uns, daß wir den Nächsten nicht geringschätzen, sondern ihn als Geschöpf Gottes achten.

Wenn du uns beistehst, kann auch unsere menschliche Gemeinschaft gelingen mit Christus, deinem Sohn, unserm Herrn und Gott. Amen.

## Gabengebet

Mächtiger Gott, dein Sohn will unter uns sein in diesen Gaben. Mach uns für ihn bereit, und öffne unser Herz für dieses Geheimnis, damit wir mehr und mehr mit der Mitte der Kirche und unserer Gemeinschaft verbunden werden. Das erbitten wir in Christus, unserm Herrn. Amen.

## Zum Vaterunser

Weil uns unser Gott das Angebot der Gemeinschaft mit ihm macht, dürfen wir uns vertrauensvoll an ihn wenden und beten, wie es uns sein Sohn gelehrt hat: Vater unser . . .

## Zum Friedensgruß

Damit echte Gemeinschaft möglich wird, müssen wir den Frieden bewahren und ihn immer wieder neu suchen. Dazu will uns Christus verhelfen, wenn er uns seinen Frieden wünscht:
Der Friede des Herrn sei allezeit mit euch!

## Nach der Kommunion

Auf dich hoffen wir,
guter Gott,
denn du hast uns
ewige Gemeinschaft
mit dir
zugesagt.

Nach dir strecken wir uns aus,
guter Gott,
denn du willst uns
ganz
in deine Nähe
holen.

## Schlußgebet

Herr, du hast gesagt: „Wo zwei oder drei in meinem Namen versammelt sind, da bin ich mitten unter ihnen.“ Dieses Wort tröstet uns, weil wir wissen, daß wir nicht allein und auf uns selbst gestellt sind. Du bietest uns deine Gemeinschaft an, so wie wir sie im gemeinsamen Mahl erleben durften. Dafür sind wir dir dankbar, jetzt und immer. Amen.

## Sendung / Segen

Zum Schluß unserer gemeinsamen Eucharistiefeier wollen wir um den Segen unseres Gottes bitten, der uns die Kraft geben möge, auf unsere Mitmenschen ohne Vorurteile zuzugehen, damit so eine echte Gemeinschaft entstehen und weiterwachsen kann.
So segne uns der gütige Gott, der Vater und der Sohn, die in Gemeinschaft mit dem Heiligen Geist leben und wirken. Amen.

Gehet hin, und haltet untereinander, miteinander und füreinander den Frieden!

# Der heiße Draht – Sprechen mit Gott

## Begrüßung / Eröffnung

Liebe junge Christen,
in einem Theaterstück sollte ein Schauspieler mit einem Partner telefonieren, der nicht selbst auftritt. Das Telefon war natürlich tot und aus dem Hörer kam kein Laut, so daß sich der Schauspieler die Gesprächsbeiträge seines Partners vorstellen mußte. Für ihn war es gar nicht so einfach, mit jemandem zu sprechen, der gar nicht am anderen Ende der Leitung war. Seinen eigenen Text sprach er oft zu schnell hintereinander, er ließ dazwischen zu kurze Pausen, so daß der Eindruck entstehen mußte, der Schauspieler würde sich eigentlich nur mit sich selber beschäftigen, ohne auf seinen Partner zu reagieren. Stellenweise meinte man, Zeuge eines undurchschaubaren Selbstgesprächs zu sein, eines Monologs ohne Sinn.
Diese Szene kann auf die Situation eines Menschen übertragen werden, der im Gebet Kontakt zu Gott sucht. Er kann sich wie einer fühlen, der zwar einiges erzählt und berichtet, dessen Worte aber letztlich unerwidert bleiben und im Leeren verhallen. Vielleicht scheint es ihm, daß er auch sinnlose Monologe führt wie der Schauspieler.
Menschliches Reden ist auf Erwiderung hin angelegt, Sprache wird im sozialen Kontakt erlernt und hat neben vielen anderen Funktionen die der sozialen Kontaktaufnahme. Und gerade beim Beten fehlt dieser Aspekt — da ist keiner, der erwidert, der zuspricht, der Antwort gibt — so scheint es wenigstens. Wenn wir diesen Sachverhalt nach rein menschlichen Maßstäben beurteilen, kann leicht dieser Eindruck entstehen. Aber es gibt noch eine andere Sichtweise!
Aus der Sichtweise des Glaubens ist uns die ständige Gegenwart Gottes zugesagt, er will unter uns sein, er will sich unser annehmen. Er hat nicht nur verbalen — also sprachlichen — Kontakt zu uns aufgenommen, sondern in Jesus Christus einen leib-haftigen Kontakt ermöglicht. Seine Gesprächsbereitschaft geht so weit, daß er sich uns in einem Menschen mitteilt, der zugleich Gott ist, nämlich in Christus.
Jesus Christus hat uns die freudige Botschaft verkündet, daß wir bei Gott immer anklopfen dürfen, daß er nicht nur offene Ohren für unsere Anliegen hat, sondern daß uns seine Tür weit offen steht. Wer bittet, dem wird gegeben

werden, so sagt uns Christus. Und in dieser Zuversicht dürfen wir sicher sein, daß unser Beten einen Sinn hat, weil Gott uns nicht nur zuhört, sondern auch auf unsere Anliegen reagiert, denn er sorgt sich um uns und liebt uns. Im Beten haben wir also einen „heißen Draht" zu Gott, der uns ständigen Kontakt mit ihm ermöglicht.

**Kyrie**

Aus Bequemlichkeit oder weil wir mit vielen Alltäglichkeiten belastet sind, nutzen wir aber diesen „heißen Draht" nicht immer so, daß zu jeder Zeit ein lebendiger Kontakt zu unserem Gott entsteht. Deshalb wollen wir uns am Anfang dieses Gottesdienstes auf unseren Gott einstellen und ihn um Verzeihung bitten, wenn wir ihn manchmal vernachlässigt haben:

Herr, schau nicht auf unsere Nachlässigkeiten und Bequemlichkeiten im Beten, sondern auf unseren Glauben an dich.
Herr, erbarme dich unser.

Schau nicht auf unsere Eigensüchtigkeiten im Beten, sondern auf unseren Glauben an dich.
Christus, erbarme dich unser.

Schau nicht auf unsere Unregelmäßigkeit im Beten, sondern auf unseren Glauben an dich.
Herr, erbarme dich unser.

Unser Gott möge mit uns nachsichtig sein und uns Verzeihung schenken, wenn wir nicht immer den Kontakt zu ihm gesucht haben. Amen.

**Tagesgebet**

Gott und Vater, wir sind froh, daß wir uns immer wieder an dich wenden können mit unseren Sorgen, Ängsten, Nöten, aber auch mit unseren Freuden, Erfolgen und Hoffnungen. Du willst unser ständiger Begleiter sein, und wir dürfen uns bei dir geborgen wissen. Führe uns immer die rechten Wege!
Das erbitten wir durch Christus, unsern Bruder, der in Gemeinschaft mit dir und dem Heiligen Geist heute und allezeit lebt und wirkt. Amen.

## Lesung

Freut euch im Herrn zu jeder Zeit! Noch einmal sage ich: Freut euch! Eure Güte werde allen Menschen bekannt. Der Herr ist nahe. Sorgt euch um nichts, sondern bringt in jeder Lage betend und flehend eure Bitten mit Dank vor Gott! Und der Friede Gottes, der alles Verstehen übersteigt, wird eure Herzen und eure Gedanken in der Gemeinschaft mit Christus Jesus bewahren. Schließlich, Brüder: Was immer wahrhaft, edel, recht, was lauter, liebenswert, ansprechend ist, was Tugend heißt und lobenswert ist, darauf seid bedacht! Was ihr gelernt und angenommen, gehört und an mir gesehen habt, das tut! Und der Gott des Friedens wird mit euch sein.
*Phil 4,4—9*

## Evangelium

Wenn ihr betet, macht es nicht wie die Heuchler. Sie stellen sich beim Gebet gern in die Synagogen und an die Straßenecken, damit sie von den Leuten gesehen werden. Amen, das sage ich euch: Sie haben ihren Lohn bereits erhalten. Du aber geh in deine Kammer, wenn du betest, und schließ die Tür zu; dann bete zu deinem Vater, der im Verborgenen ist. Dein Vater, der auch das Verborgene sieht, wird es dir vergelten.
Wenn ihr betet, sollt ihr nicht plappern wie die Heiden, die meinen, sie werden nur erhört, wenn sie viele Worte machen. Macht es nicht wie sie; denn euer Vater weiß, was ihr braucht, noch ehe ihr ihn bittet.
*Mt 6,5—8*

## Ansprache mit anschließenden Fürbitten

In der Gefahr, daß wir unsere „Frömmigkeit" zur Schau stellen und an den Straßenecken beten, sind wir heute sicher nicht, wie es eben von den Heuchlern im Evangelium geheißen hat. Das Wort „Frömmigkeit" hat dabei für uns einen recht negativen Beigeschmack. Früher scheint es eine besondere Auszeichnung gewesen zu sein, als fromm zu gelten, heute dagegen bedeutet „fromm" soviel wie weltfremd, wirklichkeitsblind und damit unscheinbar und unbedeutend. Das kommt sicher daher, daß wir dieses Wort nur in veralteten Redewendungen hören und es in unsere Alltagssprache keinen rechten Eingang gefunden hat.

Aber was bedeutet es für uns heute, die wir viel eher aufgefordert werden müssen, „fromm“ zu sein, als gewarnt werden, unsere Frömmigkeit der Öffentlichkeit zu zeigen? Mit „fromm“ ist eine bestimmte Lebenseinstellung gemeint, bei der man sich nicht selbst als das Maß aller Dinge betrachtet, sondern sich verwiesen sieht auf einen Höheren, auf Gott. Nicht die Häufigkeit von Gebets- oder Andachtsübungen ist für die Frömmigkeit eines Menschen entscheidend, sondern seine Einsicht, mit Gott im Bunde zu sein und danach sein Leben auszurichten. Wer sich glücklich fühlt, daß er in dieser Welt nicht allein gelassen ist und immer einen hat, der hinter ihm steht, einen Gott, der seine Hand schützend um ihn hält, der darf sich als „fromm“ bezeichnen.
In diesem Sinne wird dann die Abhängigkeit von Gott nicht negativ gesehen als Freiheitsentzug oder als kontrollierende Überwachung, sondern sie wird zur Anhänglichkeit an Gott, die sich im ständigen Kontakt zu ihm ausdrückt. Und dieser Kontakt geschieht im Beten, im vertrauensvollen Hinwenden zu unserem Gott, dem wir uns verdanken. Was ist aber das Eigentliche am Beten? Geht es um wohlformulierte Worte oder nur um eine flüchtige Kontaktaufnahme, und wie steht es um die Häufigkeit und Länge dieser Kontakte?
Beten heißt in erster Linie, seine eigene Situation vor Gott bedenken und zur Sprache zu bringen. Ich darf immer und mit jedem Anliegen, mit jedem Erlebnis zu ihm kommen und es ihm anvertrauen. So wie ich zu einem guten Freund mit allem gehen kann, was ich auf dem Herzen habe, so darf ich erst recht zu Gott mit allem kommen, was mich angeht. Beten heißt, mit Gott über das sprechen, was mich betrifft und was mich beschäftigt. Über Belanglosigkeiten reden heißt, das zerreden, was mich letztlich betrifft, und das kann nicht unser Ziel im Beten sein.
Wenn ich also mit allem zu Gott kommen kann, so ergibt sich daraus, daß mir keine Auflagen gemacht sind bezüglich der Wortwahl oder der Formulierungen, denn was von Herzen kommt, das braucht keine besondere Form, wenn es ehrlich gemeint ist. So wie wir sind, so sollen wir uns auch im Gebet geben. Natürlich gibt es auch sehr schöne vorformulierte Gebete, die wir benützen können, wenn sie unser Empfinden ausdrücken, aber der persönlichen Art, mit Gott zu sprechen, sollte doch der Vorzug gegeben werden. Schon vorhandene Gebete können uns aber auch eine Hilfe sein, wenn wir uns schwertun im persönlichen Gebet und nicht recht wissen, wie wir uns Gott nähern sollen. Er verlangt von uns keine langen Gebetslitaneien oder langweilige Andachtsübungen, ihm kommt es nicht auf eine nach menschlichen Maßstäben bemessene Leistung im Beten an, sondern er möchte mit uns in Kontakt bleiben. Nicht die Quantität, auch nicht die Qualität unserer Gebete ist entscheidend, vielmehr spielt die Ehrlichkeit unserer Gebete eine Rolle und die Absicht, die Beziehung zu Gott zu stärken.

Um eine Beziehung aufrechtzuerhalten und diese zu verbessern, bedarf es der immer neuen Kommunikation. Dort, wo sich Menschen nichts mehr zu sagen haben, sind die Brücken abgebrochen. Die Beziehung steht an einem Nullpunkt. Nicht anders ist es in der Beziehung zu Gott. So muß es uns darauf ankommen, die Beziehung zu ihm im jeweils persönlichen Gebet zu beleben und zu erneuern. Von diesem persönlichen Gebet spricht auch Jesus im Evangelium, wenn er uns empfiehlt, im Verborgenen, im eigenen Zimmer zu unserem Vater zu beten. Nicht viel Aufwand braucht unser Gebet, wenn wir uns Gott nähern und uns ihm mitteilen, also Anteil haben lassen an uns selbst. Mitteilen heißt auch immer teilen: seine Anschauungen, seine Überzeugungen, seine Sorgen und Freuden teilen, damit der andere einen Einblick in das bekommt, was uns bewegt. Und darum soll es uns auch im Gebet gehen.

Wenn Gott so viel an uns liegt, dann wird auch kein Gebet zu ihm umsonst sein, denn er weiß ja, was wir brauchen. In dieser Gewißheit dürfen wir auch heute in diesem Gottesdienst mit unseren Bitten zu Gott kommen:

— Schenke allen, die dein Wort in der Gemeinde verkünden, immer wieder die Bereitschaft, auf dich zu hören.
— Denke an die, die es verlernt haben, zu dir Kontakt aufzunehmen im Gebet, und schenke ihnen deine Gegenwart.
— Erbarme dich all derer, die vor dir sprachlos geworden sind, weil sie von Leid und Elend heimgesucht worden sind.
— Lenke die durch deinen Geist, die in Staat und Gesellschaft Verantwortung tragen, und zeige ihnen die rechten Wege.
— Bestärke die in ihrer Arbeit, die sich in der Erziehung darum mühen, den Kindern und Jugendlichen eine religiöse Grundlage zu vermitteln.
— Nimm dich all der Zweifler an, die im Beten eine Zeitverschwendung sehen und an die Macht des Gebets nicht glauben.

Erhöre unsere Bitten, guter Gott, durch Christus, unsern Herrn, der uns deine Vatergüte offenbart hat. Amen.

## Gabengebet

Allmächtiger Gott, du gibst uns in unserem Leben zu essen und zu trinken, du sorgst für uns. Nimm unsere Gaben entgegen, die du in unsere Hände gelegt hast, mache sie zu einer Speise, die uns in unserem Leben Kraft gibt und uns eine Vorahnung von einem Leben bei dir schenkt.
Darum bitten wir durch Christus, unsern Herrn. Amen.

**Zum Vaterunser**

Christus hat uns seinen Vater offenbart, und er hat uns zugleich gezeigt, wie wir uns an ihn wenden können. Ihm liegt etwas an der Beziehung zu uns, er möchte mit uns in ständigem Kontakt bleiben. So beten wir zu ihm, wie es uns sein Sohn gelehrt hat: Vater unser . . .

**Zum Friedensgruß**

In der Lesung wurde uns die Zusage des Friedens gemacht, wenn es da heißt: „Sorgt euch um nichts, sondern bringt in jeder Lage betend und flehend eure Bitten mit Dank vor Gott! Und der Friede Gottes, der alles Verstehen übersteigt, wird eure Herzen und eure Gedanken in der Gemeinschaft mit Christus Jesus bewahren.“ Diesen Frieden wünsche ich euch allen:
Der Friede des Herrn sei allezeit mit euch!

**Nach der Kommunion**

Du bist die Mitte meines Denkens,
an dir will ich mich orientieren,
auf deinen Wegen will ich gehen,
an dich will ich mich wenden.

**Schlußgebet**

Gütiger Gott, wir danken dir, daß du uns mit dieser Speise gestärkt hast und ganz nah bei uns warst in dieser Feier. Hilf uns, daß wir es auch immer in unserem Alltag fertigbringen, Kontakt zu dir im Beten aufzunehmen, damit die Beziehung zu dir nicht abreißt.
Darum bitten wir mit Jesus Christus, der immer in besonderer Weise die Beziehung zu dir gepflegt hat. Amen.

**Sendung / Segen**

Vielleicht ist dieser Gottesdienst für den einen oder anderen eine Ermutigung gewesen, die Beziehung zu Gott neu anzuknüpfen oder zu intensivieren, indem man den Kontakt zu Gott im Beten öfter sucht.
Daß uns das gelingt, dazu segne uns der allmächtige Gott, der Vater, der Sohn und der Heilige Geist. Amen.

# Feuer und Flamme sein

## Begrüßung / Eröffnung

Im Namen des Vaters und des Sohnes und des Heiligen Geistes. Amen.
Die Gnade unseres Herrn Jesus Christus, die Liebe Gottes des Vaters und die Gemeinschaft des Heiligen Geistes sei mit euch.

Liebe Jugendliche, vor einigen Wochen traf ich ein junges Mädchen, das mir überglücklich von ihrem Freund erzählte, den sie vor einigen Monaten kennengelernt hatte. Es war für mich nicht schwer, zu erspüren, wie verliebt und glücklich sie war. Nach einer Weile faßte sie ihre Gefühle in dem Satz zusammen: „Ich bin ganz Feuer und Flamme für ihn!"
Diese Freude des jungen Mädchens hat mich inspiriert, dieses Wort von „Feuer und Flamme" zum Thema des heutigen Gottesdienstes zu machen. Feuer und Flamme sein bedeutet sehr viel. Ich denke an Licht, an Helligkeit, an Wärme und Geborgenheit. Ich denke an das kleine Licht einer flackernden Kerze und denke an großartige Lagerfeuer, . . . auf der anderen Seite erinnert mich diese Thematik aber auch an verheerende Brandkatastrophen mit vielen Toten. Wieviel Dynamik und Kraft steckt doch in einer kleinen Flamme! Einerseits kann sie so viel Glück und Freude schenken, andererseits aber auch verheerende Verwüstung anrichten — diese kleine Feuerflamme!
Wir wollen in diesem Gottesdienst beide Möglichkeiten mit einbeziehen und Jesus bitten, daß das Feuer in uns etwas mit dem zu tun habe, was das Mädchen, von dem ich euch berichtet habe, erfuhr, nämlich: Liebe, Geborgenheit und Glück.
Der Geist Gottes bewirkt es, daß wir für die Sache Jesu Feuer und Flamme sein können. Wenn wir uns entzünden lassen, ist der Geist Gottes die Garantie für ein sinnerfülltes und glückliches Leben.

## Kyrie

Herr Jesus Christus, du bist in unsere Welt gekommen und hast durch den Heiligen Geist Wärme ausgestrahlt in unsere Herzen. So hast du uns gezeigt, wie wir unseren Gott miteinander lieben können.

Doch wir nutzen unsere Wärmequellen noch viel zu wenig.
Herr, erbarme dich unser.

Oft sind wir wie ein Strohfeuer, das kurz zu einer mächtigen Flamme auflodert und dann kraftlos in sich zusammenfällt.
Christus, erbarme dich unser.

Manchmal sind wir eiskalt und geben dem anderen keine Chance.
Herr, erbarme dich unser.

Herr, verleihe uns Kraft, damit wir zu einer Flamme des Lebens werden.

## Tagesgebet

Guter Gott, dir verdanken wir unser Leben, das du uns durch die Liebe unserer Eltern geschenkt hast. Dein Sohn hat uns erlöst von Sünde und Schuld, dein Heiliger Geist hat uns das Feuer der Liebe auf die Welt gebracht.
Wir bitten dich: Entzünde uns! Laß uns brennen für alle, denen das Brennmaterial ausgegangen ist und die zu erkalten drohen. Laß uns Flamme sein für alle, die in dieser Welt frieren und an der Hart-herz-igkeit ihrer Schwestern und Brüder erfrieren.
Darum bitten wir durch Christus, unsern Bruder und Freund. Amen.

## 1. Lesung

Als der Pfingsttag gekommen war, befanden sich alle am gleichen Ort. Da kam plötzlich vom Himmel her ein Brausen, wie wenn ein heftiger Sturm daherfährt, und erfüllte das ganze Haus, in dem sie waren. Und es erschienen ihnen Zungen wie von Feuer, die sich verteilten; auf jeden von ihnen ließ sich eine nieder. Alle wurden mit dem Heiligen Geist erfüllt und begannen, in fremden Sprachen zu reden, wie es der Geist ihnen eingab.
*Apg 2,1–4*

## 2. Lesung

Als der Pfingsttag gekommen war,
befanden sich alle am gleichen Ort.

Schon einige Tage zuvor waren sie aufgebrochen
mit viel Gepäck und hatten auch die unendlich langen Staus
auf den Autobahnen tapfer durchgestanden
und den Gestank von Benzin und Öl,
und dann am Urlaubsort wurden die Zelte ausgepackt und aufgestellt,
und man verbrachte herrliche, sonnige Tage
mit Freunden und Bekannten,
mit neuen Skat- und Grillfreunden,
mit fabelhaften Menschen —
und ohne Gott.

Und sie erlebten fast alles,
nur
kein Brausen vom Himmel her
und keinen heftigen Sturm,
und ihr Herz war nicht erfüllt,
sondern leer.
Und es erschienen ihnen auch keine Zungen aus Feuer,
die sich hätten verteilen können.
Und niemand wurde mit Heiligem Geist erfüllt,
und niemand sprach in fremden Sprachen,
sondern alle redeten immer wieder das gleiche,
von Essen und Trinken
und Wetter und Kochrezepten,
von Rückfahrt und Stau und Geist-erfahrer
und allem Möglichen.

Als der Pfingsttag gekommen war,
befanden sich alle auf dem Campingplatz.
Doch der Geist Gottes,
der Heilige Geist, blieb stecken
im Stau
ihrer Gleichgültigkeit und Oberflächlichkeit,
und das einzige Feuer, das brannte,
war die Grillkohle.

## Evangelium

Das Volk war voll Erwartung, und alle überlegten im stillen, ob Johannes nicht vielleicht selbst der Messias sei. Doch Johannes gab ihnen allen zur Antwort: Ich taufe euch nur mit Wasser. Es kommt aber einer, der stärker ist als ich, und ich bin es nicht wert, ihm die Schuhe aufzuschnüren. Er wird euch mit dem Heiligen Geist und mit Feuer taufen.
*Lk 3,15—16*

## Ansprache

Liebe junge Christen, das, was da vor etwa 2000 Jahren geschehen ist und uns als Pfingstereignis ziemlich dramatisch geschildert wird, würde uns alle sicher heute noch genauso schockieren, wie es damals die Freunde Jesu sicher sehr schockiert hat.

Der Beginn der Ereignisse ist noch nicht besonders ungewöhnlich: Ein heftiger Sturm bricht los; wer ein sicheres Haus hat und sich darin befindet, braucht keine besondere Angst zu haben. Und wer hätte heutzutage schon Angst vor einem Sturm — es sei denn, er befände sich zufällig auf hoher See und ein Orkan würde losbrechen. Da kann einem schon angst und bange werden. Aber ein Sturm, der über die Dächer einer Stadt oder eines Dorfes fegt, kann noch keine große Unruhe stiften. Auch der Sturm beim Pfingstereignis wird die Apostel nicht in besonderen Schrecken versetzt haben. Natürlich werden sie ihn gespürt und gehört haben, vielleicht haben sie auch an zu Hause gedacht, ob da alles in Ordnung ist; aber große Unruhe oder Besorgnis hat dieser Sturm sicher nicht mit sich gebracht. Doch was uns darüber hinaus berichtet wird, das kann schon Furcht und Schrecken einjagen oder auch Staunen erregen.

Es erschienen ihnen nämlich Zungen wie von Feuer; keiner wird so recht gewußt haben, was das zu bedeuten hat. Und alle begannen in fremden Sprachen zu reden; man kann wohl sagen, daß es zunächst zu einer gewissen Verwirrung unter den Aposteln gekommen sein muß.

Aber neben den außergewöhnlichen äußeren Vorgängen darf als entscheidende Tatsache und Ursache der Ereignisse nicht vergessen werden, daß etwas Außergewöhnliches in jedem einzelnen vorging, denn „alle wurden mit dem Heiligen Geist erfüllt". Wo der Geist Gottes wirkt, da geschieht Außergewöhnliches. Das gilt genauso für unsere heutige Zeit, in der wir leben. Wo Menschen im Geiste Jesu Christi zusammen sind, da geschieht oft etwas, was über die alltäglichen Erfahrungen hinausgeht.

*Wenn mir der Nächste nicht egal ist, geschieht Außergewöhnliches*

Oft hört man Zeitgenossen klagen, daß so vieles in unserer Welt schlecht sei und daß die Menschen so wenig Herz und Verständnis füreinander hätten. Das mag sicher zutreffen, aber es ist bestimmt nicht die ganze Wahrheit. – Wir können genausogut immer wieder das Gegenteil erleben. Und immer dann spüren wir so etwas wie „Sturm" und „Geist", der die Menschen näher zusammenrücken läßt.

Ich denke an den jungen Menschen, der seinen alkoholkranken Freund nach Hause schleppt und für dessen Arbeitsplatz kämpft, auch wenn dieser krank ist. Ich denke an die Altenpflegerin, die den alten Menschen auf der „Sterbewartestation" neben dem täglichen Essen auch mal eine Feldblume mitbringt. Ich denke an den jungen Sozialarbeiter, der nach Feierabend noch mit Anita im Rollstuhl Gitarre spielt oder Gedichte schreibt, oder ich denke an manche Eltern, die nachts am Bett ihres kranken Kindes wachen und manchmal auch beten. Sind das nicht außergewöhnliche Dinge? Da können auf einmal Menschen wieder sinnvoll leben, weil einer da ist, der sie nicht nur „versorgt", sondern der sie gern hat und dem es nicht egal ist, wie es ihnen heute gerade geht. In diesem „neuen Geist" können Kranke Trost finden und Hoffnung schöpfen, da dürfen Behinderte wieder am Leben teilnehmen, und da bleiben Alkoholkranke nicht auf dem Bahnhofsvorplatz liegen.

Wenn wir, liebe junge Christen, uns von diesem Geist anstecken lassen, dann können auch wir anfangen, in „fremden Sprachen" zu reden: Dann ist ein Alkoholkranker eben kein „Säufer", ein Arbeitsloser kein „Faulpelz" und „Tagedieb", ein alter Mensch kein „seniler Opa" mehr. Wenn dieser Geist über uns kommt, dann gibt es wieder Verständnis und eine „neue Sprache" — dann blüht wieder Hoffnung auf Sinn und Erfüllung im Leben.

*Auch WIR sollen Feuer und Flamme sein*

Ich erzählte euch zu Beginn von dem jungen Mädchen, das Feuer und Flamme war für ihren Freund. Ich glaube, daß wir uns das alle heute gegenseitig wünschen sollten, daß auch *wir* Feuer und Flamme sein können: Feuer und Flamme als ein Symbol dafür, daß man bereit ist, sich zu verschenken, denn ein Feuer brennt immer für andere.

Wer friert, soll bei uns Wärme und Geborgenheit finden. Und wie viele Menschen frieren heute in eiskalten Bungalows des Wohlstandes, auf Eisbergen von Vorurteilen, in Gletscherspalten der Einsamkeit. Wer ohne Orientierung ist, sollte bei uns ein Licht finden, das den Weg weist und neue Perspektiven aufzeigt.

Wer Feuer und Flamme für den Nächsten ist, darf damit rechnen, daß er die Welt, in der er lebt, verändern kann.

Wenn wir also für Menschen, die wir gern haben, Feuer und Flamme sind, dann kann ihr Leben hell werden, und dann können wir ihre dunklen Stunden ein bißchen erleuchten.
Viele von euch, liebe Jugendliche, denken jetzt sicher auch an einen bestimmten Menschen, für den sie Feuer und Flamme sind. Ich freue mich, wenn ihr einen solchen Menschen gefunden habt! Laßt das Feuer nicht ausgehen oder nur zu einem Strohfeuer werden, laßt es brennen wie eine helle Flamme, die Licht gibt in der Dunkelheit des Alltags, der Enttäuschungen, der Einsamkeit und die Wärme ausstrahlt im Eiskeller des Egoismus und im Gefrierschrank des Wohlstandes.
Der Geist Gottes macht das alles möglich! Er schenkt uns einen *neuen* Geist und eine *neue* Sprache, und er gibt uns die Kraft, Außergewöhnliches zu tun und zu erleben.
Und wenn wir nicht immer Feuer und Flamme sein können, so wollen wir wenigstens ein kleiner *Funke* sein — auch er kann zum Zündstoff für andere werden. Amen.

## Zum Glaubensbekenntnis

Ich glaube an Gott, den Vater,
der die Welt so wunderbar geschaffen hat:
die Blumen, die Gräser, die duftenden Wiesen
und die Schmetterlinge,
der das Meer geschaffen hat und die hohen Wellen
und die Klippen,
der gigantische Berge schuf
und Tiere und Menschen
und mich.

Ich glaube an Jesus Christus,
der Feuer auf die Erde gebracht hat,
das Feuer der Frohbotschaft und des Glaubens,
und der es geschafft hat,
daß es — trotz allem —
brennt.
Aber sein Preis war hoch.
Er mußte sterben,
damit unser Feuer nicht mehr ausgehen kann,
und er lebt wieder

und ging heim zum Vater,
wo er uns erwartet,
weil er immer für uns
Feuer und Flamme ist.

Ich glaube an den Heiligen Geist,
der am Pfingsttag auf die Apostel kam
in Feuer-zungen,
damit sie neu zu sprechen beginnen konnten
in allen möglichen Sprachen
der Liebe
bis heute.
Er ist die Liebe zwischen Vater und Sohn,
zwischen Gott und uns.
Ich glaube an die katholische Kirche
und glaube daran,
daß ich einmal bei Gott im Himmel
mit allen Heiligen zusammen
für ihn Feuer und Flamme sein kann.

**Fürbitten**

Gott Heiliger Geist, du bist die Flamme des Lebens, die mit aller Kraft brennt und uns eine Energiequelle ist.
Darum bitten wir dich:

- Für alle, denen das Brennmaterial ausgeht und die in einer Energiekrise stecken. Sei du ihnen eine Kraftquelle, aus der sie neuen Mut schöpfen können.
- Für alle, die sich als Strohfeuer verpuffen und zu erlöschen drohen. Zeig du ihnen, wie sie besser mit sich und den andern umgehen können.
- Für alle, die ihre Wärmequellen nicht nutzen und die alles kalt läßt. Laß sie an uns erfahren, daß es sich für dich und füreinander zu brennen lohnt.
- Laß uns nicht wie Eisberge nebeneinander stehen, sondern unsere Wärme füreinander nutzen.
- Gib uns und allen Arbeitslosen eine sinnvolle Betätigung, damit wir uns für deine Sache einsetzen und aus ganzer Kraft brennen können.
- Sei uns eine Kraftreserve, damit wir unsere Krisen überwinden und neuen Mut zum Leben finden.

— Laß uns unsere Kleidung und Nahrung mit den Armen und Bedürftigen teilen, indem wir auf sie zugehen und unsere Hilfe anbieten.

Denn du bist die Flamme, ohne die wir nicht leben können und die wir brauchen. So bleibe bei uns und brenne in uns bis ans Ende der Zeit.
Darum bitten wir dich, Heiliger Geist, du Flamme des Lebens. Amen.

**Gabengebet**

Guter Vater im Himmel, mit den Gaben von Brot und Wein wollen wir dir unser Leben schenken. Wir schenken dir unsere Bereitschaft, unsere Mitmenschen nicht zu übersehen und für sie Feuer und Flamme zu sein, die den anderen Licht, Wärme und Geborgenheit schenkt. So wie du Brot und Wein verwandelst, so verwandle auch unsere oft kleine Sparflamme in loderndes Feuer der Liebe. Amen.

**Zum Vaterunser**

Wenn wir Gott unseren Vater nennen, sind wir alle Brüder und Schwestern seines Sohnes Jesus Christus und auch untereinander Brüder und Schwestern. So wollen wir gemeinsam zu unserem Vater im Himmel beten: Vater unser . . .

**Zum Friedensgruß**

Herr Jesus Christus, du hast deine Jünger mit den Worten gegrüßt: „Der Friede sei mit euch“ — du wußtest wohl um ihre Spannungen, Konflikte und Streitereien.
Auch wir wollen dich um Frieden bitten, denn auch in unserer kleinen Welt, in der wir leben, gibt es Mißverständnisse und Streit.
Schau nicht auf unsere Sünden und Verfehlungen und auf all die Dinge, die uns nicht so gut gelingen, sondern sieh auf unseren guten Willen und auf unsere Bereitschaft, miteinander in Frieden und Freundschaft zu leben.
Der Friede des Herrn sei allezeit mit euch und bleibe bei euch!

## Nach der Kommunion

Herr, laß mich eine Flamme sein,
die voller Kraft brennt
und nicht verlöscht,
ein Dauerbrenner,
der Wärme ausstrahlt
an alle Menschen,
denen das Brennmaterial ausgeht
und die in einer Energie-krise stecken,
die sich als Strohfeuer verpuffen
und zu erlöschen drohen,
die ihre Wärmequellen nicht nutzen
und die alles
kalt läßt.

Herr, laß mich eine Flamme sein,
dann wird aus der kalten Welt der Berechnung
ein Flammenmeer der Liebe,
das jeden Eisberg zum Schmelzen bringt
und alle Menschen
füreinander erwärmt.

## Schlußgebet

Herr, unser Gott, wir danken dir, daß du deinen Sohn Jesus Christus zu uns gesandt hast als die Flamme des Lebens. Um seinen Altar durften wir uns heute versammeln und uns nach den kalten Stunden des Tages (der Nacht/der letzten Woche[n]/der letzten Zeit) aufwärmen. Er ist uns eine Wärmequelle und gibt uns Brennmaterial, damit auch wir zu echten Dauerbrennern werden und uns wie das Feuer und die Flamme für andere verschenken. Wenn uns das gelingt, dann können wir auch für *dich* Feuer und Flamme sein.
Darum bitten wir dich heute, am Ende dieses Gottesdienstes. Amen.

## Sendung

Liebe junge Christen, bevor wir wieder auseinandergehen, möchte ich euch allen recht herzlich danken für diesen gemeinsamen Gottesdienst. Ich wünsche uns allen, daß es uns immer besser gelingen möge, Feuer und Flamme zu sein für unsere Mitmenschen und besonders für die, die vor Kälte frieren — ihr versteht nun, wie es gemeint ist. Ich möchte euch auch dafür danken, daß ich in diesem Gottesdienst „neuen Geist“ erleben durfte. Diese Freude und diese Begeist-erung nehme ich mit in meinen Alltag, und ich möchte euch einladen, es auch zu tun.

## Segen

Gott will, daß die Menschen nicht frieren,
er will, daß sie Geborgenheit und Liebe erfahren,
er will, daß Feuer auf die Erde fällt,
Feuer, das entzündet:
Menschen,
Herzen,
dich
und mich.

Dazu segne und behüte euch der allmächtige und gute Gott, der Vater und der Sohn und der Heilige Geist. Amen.

Gehet hin, und seid Feuer und Flamme, bringt Wärme und Frieden!

## Anregungen

— Die Kollekte während der Gabenbereitung kann dazu bestimmt werden, einem Menschen ein „warmes Nest“ zu bauen.

— Nach dem Gottesdienst können Kerzen verkauft werden zugunsten einer Aktion „Warmes Nest“. Die Gottesdienstbesucher können die Kerzen bei der nächsten Gelegenheit (Party, Teestube, Geburtstag, Namenstag, Besuch der Freundin/des Freundes) anzünden, um so an den Gottesdienst und sein Ziel erinnert zu werden.

# Zu Hause sein

**Begrüßung / Eröffnung**

Liebe junge Christen,
jeder von uns braucht zwischen all den Arbeiten, die uns in Anspruch nehmen, auch mal eine Pause, in der er sich erholen und entspannen kann. Ein Spruch auf einer Spruchkarte heißt: „Das Schönste im Leben sind die Pausen", und es gibt unter uns sicher kaum einen, der mit diesem Wort nichts anzufangen wüßte. Ob es sich um die Pause zwischen den Schulstunden handelt oder um die Mittagspause am Arbeitsplatz oder um den langersehnten Feierabend – auf die Pausen freuen wir uns. Dann können wir neue Kräfte sammeln und das tun, wozu wir Lust haben.
Die meisten von uns verbringen die Zeit nach der Arbeit an einem bestimmten Ort, der für jeden doch wieder unterschiedlich ist, und zwar zu Hause, in den eigenen vier Wänden. Dort können wir ausspannen und uns in unserer gewohnten Umgebung wohlfühlen. Weil wir unser Zuhause gut kennen und uns an unser Zimmer wie auch an die Menschen, die dort um uns sind, gewöhnt haben, fällt uns das Abschalten leichter. Ein echtes Zuhause muß Geborgenheit vermitteln können und uns Sicherheit geben, damit wir neu auftanken können. Dazu ist ein gutes Verhältnis zu den Eltern und Geschwistern notwendig, denn zum Zuhause gehört auch, daß man von den anderen verstanden wird und die anderen selbst verstehen kann.
In diesem Gottesdienst wollen wir uns Gedanken machen über unser eigenes Zuhause und was es uns bedeutet. Wir wollen uns fragen, was ein gutes Zuhause ausmacht und was wir selbst dazu beitragen können. Auch Christus will uns ein Zuhause schenken, er will uns Geborgenheit bei sich vermitteln. Diese Nachricht kann uns froh machen, weil wir durch sie wissen, daß Christus viel an uns liegt, daß er uns das schenken möchte, was wir brauchen: Verständnis, Angenommensein und Geborgenheit.

**Kyrie**

Nicht immer nehmen wir das Angebot Christi wahr, bei ihm ein Zuhause zu suchen, und deshalb bitten wir ihn um seine Nachsicht:

Herr Jesus Christus, du bist in Liebe mit uns verbunden, aber wir reagieren oft nicht auf diese Liebe.
Herr, erbarme dich.

Herr Jesus Christus, du willst, daß wir uns auf deinen Vater einlassen, aber wir kennen oft nur uns selbst.
Christus, erbarme dich.

Herr Jesus Christus, du hast uns eine Heimat bei deinem Vater vorbereitet, aber wir setzen oft nur auf die eigenen Kräfte.
Herr, erbarme dich.

Gott, der gütige Vater, schenke uns sein Erbarmen und ermutige uns, unsere Erlebnisse im Licht des Glaubens zu sehen, damit wir nicht an uns selbst verzweifeln. Amen.

**Tagesgebet**

Herr, unser Gott, du hast uns Menschen einen Platz zugewiesen, an dem wir Liebe und Geborgenheit erfahren dürfen. Jeder soll sich einem Ort zugehörig fühlen und Menschen haben, die sich um ihn kümmern, die für ihn da sind. Wir wissen, daß Christus ganz für uns da war. Er hat uns gezeigt, daß du auf unserer Seite stehst und daß du einst für uns eine ewige Heimat bereithältst. Daran glauben wir in Christus, deinem Sohn. Amen.

**Lesung**

Wie liebenswert ist deine Wohnung, Herr der Heerscharen!
Meine Seele verzehrt sich in Sehnsucht
nach dem Tempel des Herrn.
Mein Herz und mein Leib jauchzen ihm zu,
ihm, dem lebendigen Gott.
Auch der Sperling findet ein Haus
und die Schwalbe ein Nest für ihre Jungen —
deine Altäre, Herr der Heerscharen, mein Gott und mein König.
Wohl denen, die wohnen in deinem Haus,
die dich allezeit loben.
*Ps 84,2—5*

## Ein Zuhause ist für mich wie . . .
*Gestaltungshinweis*

Für die Jugendlichen sind große Kartons vorbereitet, auf denen steht: „Ein Zuhause ist für mich wie . . .“
Die Jugendlichen sollen sich nun in Kleingruppen aufteilen, und jede Gruppe bekommt einen Karton, auf den sie ihre Einfälle schreibt, die dann anschließend vorgelesen werden.
*Beispiele:*
Ein Zuhause ist für mich wie . . .
. . . ein Schmetterling auf einer Blüte,
. . . ein Anlegesteg für ein Boot,
. . . eine Oase in der Wüste,
. . . usw.

## Leitgedanken für die Predigt

*Vorbemerkung*
In der Predigt sollte der Priester die von den Jugendlichen formulierten Vergleiche aufgreifen, um so den Begriff „Zuhause“ zu verdeutlichen. Die Jugendlichen sollten sich also in der Predigt selbst wiederfinden, um ihnen den Zugang zur Liturgie zu erleichtern.
Aus diesem Grund finden sich hier nur Leitgedanken für die Predigt, die entsprechend der Situation ergänzt werden können.
Drei Schritte sollte die Predigt beinhalten:
1. Verdeutlichung des Begriffs „Zuhause“.
2. Möglichkeiten zur Verbesserung der Atmosphäre im eigenen „Zuhause“.
3. Aufweis eines „Zuhause“ bei Christus.

Zwischen dem zweiten und dritten Schritt wird auch noch eine Möglichkeit des aktiven Mitgestaltens von seiten der Jugendlichen vorgeschlagen. Im Anschluß an den dritten Schritt wird das Evangelium verlesen.

*1. Verdeutlichung des Begriffs „Zuhause“*
— Ein Zuhause ermöglicht Pause-machen, Auftanken, Entspannen, Ausruhen (siehe Einführung).
— Zum Zuhause gehört eine emotionale Beheimatung, die sich in Sicherheit und Geborgenheit ausdrückt.
— Ein Zuhause bedeutet auch gegenseitiges Aufeinander-angewiesen-sein, Aufeinander-zugehen, gegenseitiges Verständnis.
— Um ein gutes Zuhause zu erleben, sind wir selbst aufgerufen, unseren eigenen Beitrag dazu zu leisten.

*2. Möglichkeiten zur Verbesserung der Atmosphäre im eigenen „Zuhause"*

- Offenheit für die anderen und Vorurteilsfreiheit im täglichen Umgang;
- kleine Zeichen setzen, damit die Mitmenschen merken, wie wichtig sie für mich sind;
- versuchen, die anderen anzunehmen, auch wenn sie anderer Meinung als ich selbst sind;
- Ehrlichkeit und Aufrichtigkeit im gegenseitigen Umgang.

*Vorschlag zur aktiven Mitgestaltung*

Auf Styroporplatten ist der Stadtplan der eigenen Stadt/Gemeinde aufgeklebt. (Sind die Teilnehmer des Gottesdienstes aus einer bestimmten Region, so wird eine entsprechende Landkarte aufgeklebt.) Die Jugendlichen werden nun aufgefordert, auf vorbereitete kleine Kärtchen, die an einer Stecknadel befestigt sind, ihren Namen zu schreiben, um mit diesem Fähnchen ihr eigenes Zuhause zu markieren. Wenn auf dem Stadtplan alle Fähnchen angebracht sind, wird er für alle sichtbar aufgehängt. So hat jeder einen Überblick, wo das Zuhause jedes einzelnen ist.

*3. Aufweis eines „Zuhause" bei Christus*

- Christus geht es um uns, er will uns in seine Nähe holen, und deshalb bereitet er uns ein Zuhause.
- Das Zuhause bei Christus ist viel mehr als ein Zuhause, wie wir es hier haben.
- Wir dürfen uns auf ein Zuhause bei Christus freuen, müssen aber genauso die Atmosphäre in unserem eigenen Zuhause zu verbessern versuchen.
- Weil wir wissen, daß Christus ein Zuhause für uns bereithält, können wir unser Leben ohne Furcht angehen.

## Evangelium

Euer Herz lasse sich nicht verwirren. Glaubt an Gott, und glaubt an mich! Im Haus meines Vaters gibt es viele Wohnungen. Wenn es nicht so wäre, hätte ich euch dann gesagt: Ich gehe, um einen Platz für euch vorzubereiten? Wenn ich gegangen bin und einen Platz für euch vorbereitet habe, komme ich wieder und werde euch zu mir holen, damit auch ihr dort seid, wo ich bin.
*Joh 14,1–3*

## Fürbitten

Gott, gütiger Vater, du hältst für uns ein Zuhause bereit, zu dir dürfen wir mit unseren Bitten kommen:

— Schenke allen, die auf der Flucht sind und Hunger und Not leiden, eine Heimat, damit sie in Sicherheit leben können.
— Erfülle alle die mit neuer Kraft, die sich in ihrer Arbeit für ihre Mitmenschen einsetzen.
— Gib allen Sicherheit, die auf der Flucht vor sich selbst sind im Rausch der Drogen und des Alkohols, und führe sie in eine neue Wirklichkeit.
— Bereite allen eine ewige Heimat, die in deinen Frieden eingegangen sind und auf deine Zusagen gesetzt haben.

Erfülle unsere Bitten, so wie du es für richtig hältst, denn du hast einen unvergleichlich größeren Überblick als wir, heute und alle Tage unseres Lebens. Amen.

### Gabengebet

Zu dir kommen wir mit unseren Gaben, denn du willst uns ein Zuhause schenken und uns mit neuem Mut erfüllen. Nimm unsere Gaben an, und schau auf unseren Glauben, den wir dir entgegenbringen und durch den wir deine Gegenwart in den verwandelten Gaben sehen. Amen.

### Zum Vaterunser

Im Evangelium hörten wir, daß der Vater viele Wohnungen für uns bereithält, er fängt uns auf, er will uns Geborgenheit schenken. Deshalb dürfen wir zu ihm beten: Vater unser . . .

### Zum Friedensgruß

Christus will uns seinen Frieden schenken, den er vom Vater erhalten hat. Öffnen wir unser Herz für diesen Frieden, der uns befähigen soll, unser eigenes Zuhause zu beleben. Und so wünsche ich euch:
Der Friede unseres Herrn sei allezeit mit euch!

## Nach der Kommunion

„Zuhause“ heißt nicht nur
Mauern, Wände, Zimmer,
sondern
Menschen, Freunde, Vertraute.

„Zuhause“ heißt
Geborgenheit und Sicherheit,
heißt Verständnis erhalten
und Verständnis schenken.

„Zuhause“ heißt auch
Geborgenheit in Christus,
heißt Eins-Sein mit ihm.

## Schlußgebet

Gott, wir danken dir für das Mahl, das wir miteinander gefeiert haben. Hier im Gottesdienst durften wir so etwas erfahren wie ein Zuhause, denn Christus war uns ganz nahe. Laß uns das, was wir hier erlebt haben, mitnehmen in unseren Alltag, und gib uns immer das Gefühl, bei dir zu Hause sein zu dürfen. Gewähre uns das in Christus, deinem Sohn. Amen.

## Sendung / Segen

Sicher ist dem einen oder anderen in diesem Gottesdienst aufgegangen, was es eigentlich bedeutet, ein Zuhause zu haben. Viele von uns können froh und dankbar sein, ein gutes Zuhause zu haben. Vergessen wir aber nie, daß es auch an *uns* liegt, ein schönes Zuhause zu verwirklichen. Letztlich will uns auch Christus ein Zuhause schenken. Auf dieses Zuhause dürfen wir uns heute schon freuen.
Es segne uns der gütige Gott, der Vater, der Sohn und der Heilige Geist. Amen.

Gehet hin, und bringt den Frieden in euer Zuhause!

# Und er liebt dich doch

Gottesdienste für gesunde
und behinderte junge Menschen

# Und er liebt dich doch

## Für gesunde und körperlich behinderte junge Christen

**Begrüßung / Eröffnung**

Im Namen des Vaters und des Sohnes und des Heiligen Geistes. Amen.
Die Gnade unseres Herrn Jesus Christus, die Liebe Gottes des Vaters und die Gemeinschaft des Heiligen Geistes sei mit euch.

Liebe junge Christen,
im Vergleich mit Gesunden fühlen sich viele Behinderte benachteiligt. Am Arbeitsplatz werden in den meisten Betrieben die Gesunden bevorzugt und haben es sehr viel leichter, sich als volle Arbeitskraft zu empfehlen. Wie schwer muß es für einen Behinderten sein, wenn er erfährt, daß „leider" soeben die Stelle besetzt wurde, und er ganz deutlich diese Lüge spürt!
Das Leben in einer Stadt oder in einem Dorf ist für viele Behinderte schwierig, weil zu wenig auf ihre Situation eingegangen wird; ganz zu schweigen von den vielen seelischen Konflikten eines Menschen, der arbeiten und Verantwortung übernehmen und tragen will und es einfach nicht kann. Kein Wunder, daß sich die Behinderten wertlos vorkommen, wenn sie solche Erfahrungen machen müssen.
Das Christentum, liebe junge Freunde, hat andere Maßstäbe: Ein Mensch wird nicht bemessen nach dem, was er leistet, sondern nach seinem ehrlichen und guten Herzen, nach seinem Sinn für Gerechtigkeit und Frieden und schließlich — und vor allem — nach seiner Fähigkeit oder Bereitschaft, mit Christus sein Kreuz zu tragen, und zwar ganz selbstverständlich, so hart das Holz des entsprechenden „Kreuzes" auch sein mag; auch Jesus ist dreimal unter seinem Kreuz zusammengebrochen.
Christus, dem Gekreuzigten und Auferstandenen, sind alle Menschen grundsätzlich gleich viel wert.
Bei aller erfahrbaren Benachteiligung soll der Behinderte spüren: ER liebt mich doch.

## Kyrie

*Ein Gesunder:* Wir leben oft gleichgültig und uninteressiert neben unseren behinderten Mitmenschen her.
Herr, erbarme dich.

*Ein Behinderter:* Wir vergessen zu oft, daß Behinderung keine Strafe ist, sondern gerade auch eine Bewährung in besonderen Lebenssituationen sein kann.
Christus, erbarme dich.

*Behinderter und Gesunder:* Laßt uns mehr zusammenstehen und die Lasten des anderen bewußter mittragen.
Herr, erbarme dich.

Der allmächtige Gott erbarme sich unser, er lasse uns die Sünden nach, und führe uns durch ein sinnvolles Leben dereinst zum ewigen, glücklichen Leben bei ihm. Amen.

## Tagesgebet

Guter Vater im Himmel, wir alle sind deine Kinder, die du von Herzen liebst und die aufeinander angewiesen sind. Oft erwarten wir zwar Hilfe vom anderen, sind aber selber nicht bereit, uns ganz einzubringen. Wir glauben an unseren Auftrag, die Welt zu verändern: nicht mit Bomben, Raketen und Kriegen, sondern mit Hilfsbereitschaft, Vertrauen und Liebe, so wie DU es uns vorgelebt hast. Amen.

## Lesung

einer trägt des andern last
einer hält beim andern rast

wandelt euch und wandelt gut
euer wandel wunder tut

einer trägt des andern last
einer hält beim andern rast

last des lebens last zu zweit
halbe last und halbes leid

einer trägt des andern last
einer hält beim andern rast

last zu tragen was ich bin
last des andern mein gewinn

einer trägt des andern last
einer hält beim andern rast

maß ist voll von bitterkeit
wandlung kommt nicht vor der zeit

einer trägt des andern last
einer hält beim andern rast

füllt die krüge schöpft und fragt
bester wein ist zugesagt

einer trägt des andern last
einer hält beim andern rast

*Wilhelm Willms*

**Evangelium**

Zu allen sagte er: Wer mein Jünger sein will, der verleugne sich selbst, nehme täglich sein Kreuz auf sich und folge mir nach. Denn wer sein Leben retten will, wird es verlieren; wer aber sein Leben um meinetwillen verliert, der wird es retten. Was nützt es einem Menschen, wenn er die ganze Welt gewinnt, dabei aber sich selbst verliert und Schaden nimmt? Denn wer sich meiner und meiner Worte schämt, dessen wird sich der Menschensohn schämen, wenn er in seiner Hoheit kommt und in der Hoheit des Vaters und der heiligen Engel. Wahrhaftig, das sage ich euch: Von denen, die hier stehen, werden einige den Tod nicht erleiden, bis sie das Reich Gottes gesehen haben.
*Lk 9,23—27*

## Ansprache

Liebe Jugendliche, ich möchte euch zunächst eine Begebenheit erzählen, die eigentlich recht tragisch ist und die uns allen wohl sehr nahe gehen wird.
Ein junger Familienvater mit drei schulpflichtigen Kindern erlitt einen so schweren Verkehrsunfall, daß er anschließend querschnittsgelähmt war mit sehr geringer Hoffnung auf Heilung. Die erste Zeit nach dem Unfall war noch einigermaßen durchzustehen und erträglich, denn er hatte noch Hoffnung, und seine liebe Frau und die drei Kinder vermehrten und bestärkten seine Hoffnung auf Heilung. Als dann aber die Gewißheit kam, daß er wohl nie wieder arbeiten und für seine Familie sorgen könne, wurde der junge Familienvater sehr traurig.
Eines Abends, als er wieder mit seiner Familie zusammensaß, äußerte er seine große Sorge: „Nun kann ich wohl nie wieder für euch *arbeiten* — und ich täte es so gerne!" „Aber du kannst für uns *da sein,* denn du hast jetzt viel mehr Zeit für uns; wir können viel mehr mit dir sprechen, dir unsere Sorgen sagen und deinen Rat einholen!" sagten seine Kinder. Diese Aussage gab dem Vater neue Hoffnung und wirkte auf ihn wie ein Wunder. Seine Behinderung wurde ihm allmählich zweitrangig: „Ich werde nun tatsächlich viel Zeit für meine Familie haben, die mich braucht, und vielleicht ist das noch wertvoller und erfüllt mich mehr als die tägliche Arbeit." Das Leben des behinderten Vaters im Rollstuhl bekam einen neuen Sinn, es wurde bereichert durch die Aussage seiner Kinder: Wir brauchen dich!
Ist das nicht ein ermunterndes Beispiel? Es ist keine erfundene Geschichte, sondern es hat sich wirklich so zugetragen. Ich wollte euch, liebe junge Freunde, diese Geschichte mitteilen, denn ich glaube, sie kann auch euch neuen Mut machen und neue Lebensdimensionen eröffnen.
In unserer Welt sind Arbeit und Leistung große Werte; das ist sicher richtig, aber es sind nicht die einzigen Werte, die es gibt. Nicht nur Arbeit und Leistung, Erfolg und Anerkennung machen einen Menschen wertvoll und das Leben sinnvoll, vieles wird einfach auch übertrieben. Andere Werte wie Dasein, Zeit haben, Treue und Liebe, Verständnis, um nur einige zu nennen, sind Werte, die viel zu wenig Beachtung finden. Wer viel leistet, zählt viel; das ist nun mal die Parole unserer Zeit. Ein kleiner akademischer Titel vor dem Familiennamen macht sich nicht schlecht.
Aber dennoch — oder sollten wir besser sagen: deshalb — sind so viele Menschen krank, hektisch, entnervt; deshalb gehen auch so viele Ehen in die Brüche. Nein, sicher nicht wegen der täglichen Arbeit, aber wegen der fehlenden Zeit für die Familie, für die, die einem zur Sorge und Liebe anvertraut sind.
Wir Gesunden — und dies soll nun wirklich nicht ein „Prädikat" sein — soll-

ten uns an diesem Familienvater in unserer Geschichte ein Beispiel nehmen: Zeit haben für andere Menschen, zuhören können, ein Auge auf die werfen, die mit ihrer Zeit und ihrem Leben nichts mehr anfangen können.
Und ihr Behinderten sollt aus dieser Geschichte auch etwas mitnehmen: Behindert sein bedeutet nicht wertlos sein, bedeutet nicht abgeschrieben sein. Nur wer sich selber abschreibt, ist abgeschrieben. Seid erfinderisch und kreativ, und sucht nach Möglichkeiten, euch einzubringen. Zuversicht, Lebensmut, neue Hoffnung brauchen so viele Menschen unserer Zeit; Menschen, die mit ihrem Leben nicht mehr fertig werden, Jugendliche, die ihre Grenzen so stark erfahren, daß sie keinen Sinn mehr sehen in ihrem Leben. Hier könnt ihr, liebe behinderte Jugendliche, neue Chancen entdecken, und wenn ihr dann auch spüren dürft, daß ihr wirklich gebraucht werdet, dann ist auch euer Leben sinnvoll und wertvoll.
Noch eines ist klar zu sagen: Es ist unvorstellbar, daß irgendeine Behinderung eine Strafe Gottes ist. Gott will, daß jeder Mensch glücklich ist; er will das wirklich, und er ist nicht die Ursache einer Behinderung. Er ist sehr wohl bereit, gerade den Behinderten und Schwachen Hilfe zu geben. Man müßte sich viel mehr Gedanken darüber machen, welche „Mission" gerade die Behinderten in unserer Welt erfüllen dürfen.
Wir wollen uns nichts vormachen: Behindert sein ist oft ein schweres Schicksal, und wir wollen und dürfen das nicht übersehen. Wir möchten euch ermutigen, nicht aufzugeben, euer Leben anzunehmen und vor allem etwas Wertvolles und Sinnvolles daraus zu machen! Ihr sollt dabei noch mehr als bisher die Solidarität der Gesunden erfahren, und ihr sollt vor allem spüren dürfen, daß ER euch nicht abschiebt oder für weniger wert hält. Ihr könnt davon ausgehen, daß ER, Jesus Christus, euch von ganzem Herzen liebt.
Erspürt diese Liebe, nehmt sie in euch auf und schenkt sie weiter: an viele Menschen, die zwar körperlich gesund sind, seelisch aber manchmal am Ende ihrer Kraft. Seid gewiß: Euer Leben hat Sinn, eure Liebe ist kostbar und eure Lebenshoffnung kann andere mitreißen und überzeugen! Amen.

**Fürbitten**

Ich hatte einen Traum, daß sich eines Tages alle Behinderten, alle Verlassenen und Einsamen, alle, die ihr Schicksal kaum oder gar nicht tragen können, auf einer schönen Insel wiederfanden: Diese Insel war unsere kleine Welt.
Herr, erfülle diesen Traum!

Ich hatte einen Traum, daß alle, die abgestumpft oder verbittert sind, die kalt und zynisch daherreden, auf einmal voller Glück und Freude waren, miteinander tanzten und sangen.
Herr, erfülle diesen Traum!

Ich hatte einen Traum, daß alle Menschen, die hungern, sich an einen gedeckten Tisch setzen konnten mit Speisen, die wir aus unseren überfüllten Vorräten verschenkt hatten.
Herr, erfülle diesen Traum!

Ich hatte einen Traum, daß alle Unscheinbaren, alle zu kurz gekommenen und unglücklich geborenen Kinder auf einer blühenden Wiese saßen und den „Weisen dieser Welt" glückliche Geschichten erzählten.
Herr, erfülle diesen Traum!

Ich hatte einen Traum, daß *ich* ein neuer Mensch geworden sei.
Herr, bitte, erfülle diesen Traum!

## Gabengebet

Vater im Himmel, mit den Gaben von Brot und Wein opfern wir Gesunden dir unsere tägliche Arbeit, unseren Streß, unser Hetzen und Rennen auf. Verwandle alles, so wie du es für gut hältst!
Wir körperlich Behinderten opfern dir unseren Rollstuhl, unsere Behinderung, aber auch unsere *Zeit* auf. Verwandle alle Menschen durch unser Leben, damit auch sie Zeit, mehr Zeit finden für ihre Lieben und ganz besonders für dich. Amen.

## Zum Friedensgruß

Herr Jesus Christus, du hast deinen Freunden immer wieder gesagt: Haltet Frieden! Wie notwendig gilt dieses Wort auch uns — hier und heute. Schenke uns Frieden mit uns selber, mit unseren Lieben, und schenke uns Frieden und Freundschaft mit dir!
Der Friede des Herrn sei allezeit mit euch!
Gebt einander ein Zeichen des Friedens und der Verbundenheit!
(Die Gesunden treten zu den Behinderten, und sie geben einander den Friedensgruß.)

## Schlußgebet

Guter Gott, wir danken dir, daß du Zeit hast für uns: Du bist immer ansprechbar, hörst immer zu, bist immer *in* uns, *mit* uns, *über* uns, *unter* uns! Nie sahen wir ein Bild mit Christus auf dem Rollstuhl. Heute glauben wir ihn entdeckt zu haben: In den Brüdern und Schwestern, die so tapfer und gläubig ihr Schicksal tragen, dürfen wir *dein* Bild entdecken. Jetzt wissen wir zuversichtlich: ER, dein Sohn Jesus Christus, liebt sie doch.
Danke für diese neue und beglückende Erkenntnis! Amen.

## Sendung / Segen

Meine lieben Brüder und Schwestern, das Wichtigste auf der Welt ist nicht Status, Bungalow, Auto . . . Das Wichtigste ist: Gebraucht werden! Ihr werdet gebraucht: von euren Familien, von euren Freunden, von der Kirche, von Jesus Christus! Laßt IHN nicht warten! Das ist eure Sendung.
Gehet hin und haltet Frieden!

So segne euch der allmächtige und menschenfreundliche Gott, der Vater und der Sohn und der Heilige Geist. Amen.

## Anregung: Gemeinsamer Bibelkreis

Im Anschluß an diesen Gottesdienst könnte eine Initiative entwickelt werden, die sehr wertvoll sein wird: die Gründung eines Bibelkreises.
Man trifft sich an verschiedenen Tagen in jeweils einer Wohnung eines körperlich behinderten Jugendlichen und spricht über jene Stellen in der Heiligen Schrift, die über das Verhältnis Jesu zu Behinderten Aussagen machen (es gibt hier sehr viel Auswahl). Über die Bibelarbeit hinaus werden sich dann auch sicher persönliche Gespräche entwickeln. Von diesem Kreis könnten außerdem weitere praktische Initiativen und Aktionen ausgehen.

# Der, den ich liebe, hat mir gesagt . . .

## Für gesunde und körperlich behinderte junge Christen

### Zum Inhalt dieses Gottesdienstes

Gesundsein ist in unserer Welt „in" — bedeutet das gleichzeitig, daß die Kranken und Behinderten „out" sind? Sie bekommen zwar oft genug unser Mitleid zu spüren, sicher auch manchmal unser ehrliches Interesse; zu wenig aber spüren sie unsere uneingeschränkte Liebe. Gerade bei jungen gesunden Menschen spürt man heute den erfreulichen Trend, daß sie versuchen, auch die Behinderten *so* zu nehmen, *an*zunehmen, wie sie sind, und zu integrieren. Das ist sicher für die Behinderten eine Hilfe und Chance, und vor allem für unsere Welt ein Zeichen der Hoffnung.
Andererseits klagen heute viele Menschen darüber, daß sie sich nicht gebraucht und abgeschoben fühlen. Sie sollten ihren Blick auf die Behinderten lenken, die uns das Gefühl vermitteln können: Wir brauchen euch! Wenn ihr euch für uns einsetzt und uns liebt, dann kann es zwischen uns und euch zu einer wunderbaren Harmonie kommen.
Nur wer im Behinderten ein wertvolles Geschöpf Gottes erkennt, wird ihm ungeachtet seiner körperlichen Unzulänglichkeit jene Liebe schenken können, die er braucht, um einen Sinn und Wert in seinem Leben zu finden. Um diese Einstellung wollen wir in diesem Gottesdienst besonders beten.

### Begrüßung / Eröffnung

Liebe junge Christen, ich freue mich, daß ihr zu diesem Gottesdienst gekommen seid, und begrüße euch ganz herzlich. Wir wollen miteinander Gottes Wort hören, das uns einlädt, aufeinander zuzugehen, um so zu spüren und zu erkennen, *wie* wir *einander* helfen können.
B. Brecht schrieb die schönen Worte: „Der, den ich liebe, hat mir gesagt, daß er mich braucht. Darum gebe ich auf mich acht, sehe auf meinen Weg und fürchte von jedem Regentropfen, daß er mich erschlagen könnte."
Ist das keine feine Einstellung! Das heißt doch: Ich muß sehr gut auf mich auf-

passen, daß ich möglichst viel für andere tun kann. Nur darin kann eigentlich der Sinn unseres Lebens bestehen. Wir wollen darüber in diesem Gottesdienst besonders nachdenken. In der Nächstenliebe, die keinen ausschließt, finde ich den eigentlichen Lebenssinn.

**Kyrie**

Guter Gott, oft fragen wir nach dem Sinn unseres Lebens, weil wir in der Oberflächlichkeit des Alltags den Durchblick verloren haben.
Herr, erbarme dich unser.

Du zeigst uns deutlich, *wie* es uns gelingen kann, Sinn und Freude in unserem Leben zu erfahren.
Christus, erbarme dich unser.

Die Liebe zum Nächsten, die keinen ausschließt, ist der Beweis unserer Liebe zu dir.
Herr, erbarme dich unser.

Der allmächtige Gott erbarme sich unser, er lasse uns unsere Sünden nach, führe uns glücklich durch dieses Leben, und schenke uns einmal das ewige Leben. Amen.

**Tagesgebet**

Guter Vater im Himmel, wir alle sprechen die gleiche Sprache, spüren in uns das gleiche Bedürfnis nach Anerkennung, Geborgenheit und Liebe. Hilf uns, daß wir niemanden ausschließen und daß wir feinfühlig mit dem Nächsten und mit dir umgehen.
Darum bitten wir dich durch Christus, unsern Herrn. Amen.

**Lesung**

Jetzt freue ich mich in den Leiden, die ich für euch ertrage. Für den Leib Christi, die Kirche, ergänze ich in meinem irdischen Leben das, was an den Leiden Christi noch fehlt. Ich diene der Kirche durch das Amt, das Gott mir übertragen hat, damit ich euch das Wort Gottes in seiner Fülle verkündige, jenes Ge-

heimnis, das seit ewigen Zeiten und Generationen verborgen war. Jetzt wurde es seinen Heiligen offenbart; Gott wollte ihnen zeigen, wie reich und herrlich dieses Geheimnis unter den Völkern ist: Christus ist unter euch, er ist die Hoffnung auf Herrlichkeit. Ihn verkündigen wir; wir ermahnen jeden Menschen und belehren jeden mit aller Weisheit, um dadurch alle in der Gemeinschaft mit Christus vollkommen zu machen. Dafür kämpfe ich unter vielen Mühen; denn seine Kraft wirkt mit großer Macht in mir.
*Kol 1,24—29*

**Evangelium**

Er sagte: Womit sollen wir das Reich Gottes vergleichen, mit welchem Gleichnis sollen wir es beschreiben? Es gleicht einem Senfkorn. Dieses ist das kleinste von allen Samenkörnern, die man in die Erde sät. Ist es aber gesät, dann geht es auf und wird größer als alle anderen Gewächse und treibt große Zweige, so daß in seinem Schatten die Vögel des Himmels nisten können.
*Mk 4,30—32*

**Ansprache**

Liebe junge Freunde, vor einiger Zeit war in einer Tageszeitung folgendes zu lesen: „Seriöse Firma stellt zum nächsten Ersten einen jungen Mann oder eine junge Dame als Pförtner ein; Körperbehinderte nicht ausgeschlossen!"
Diese Anzeige hat mich einerseits sehr erfreut, andererseits aber auch nachdenklich gestimmt. Gefreut habe ich mich darüber, daß diese Firma keine Bedenken hat, einen körperbehinderten Menschen einzustellen. Nachdenklich hat mich dann aber doch die Tatsache gestimmt, daß hier in der Anzeige eine Firma eigens betonen muß, daß sie für eine Tätigkeit, die von der Qualifikation her ein Gesunder wie ein Behinderter gleichermaßen ausüben kann, auch einen behinderten Menschen einstellen würde. Ich frage mich: Wer wird nun die Stelle bekommen haben? — In diesem Falle weiß ich es nicht. Aus vielen anderen Fällen weiß ich, daß der Behinderte wohl meistens das Nachsehen hat!

Ihr, liebe Jugendliche, wißt das sicher auch. Die Tragik in unserer Gesellschaft ist die, daß Behinderung in vielen Fällen zur Diskriminierung führt. Das tut denen, die es betrifft, sicher weh! Aber viele gesunde junge Menschen erleiden heute das gleiche Schicksal! Wie viele von ihnen haben auch keinen Arbeitsplatz, wie viele erhalten auch nach -zig Bewerbungen immer wieder die gleiche unpersönliche und nichtssagende ablehnende Antwort. Abiturienten bekommen, wenn sie Glück haben, die Arbeitsstellen, die eigentlich für Hauptschüler vorgesehen sind. Ist nicht eine solche Situation für viele gesunde Menschen auch eine echte Behinderung, ihr Leben optimal zu gestalten? Wenn wir unsere Welt genau beobachten, stellen wir fest, liebe Jugendliche, daß viele Menschen behindert werden, ihr Lebensglück zu finden, körperlich gesunde wie behinderte Menschen, junge wie alte.

Die materielle Wertung und Bewertung nimmt überhand, und viele Menschen leiden darunter, daß sie am Rand leben müssen, daß sie ausgeschlossen und allein gelassen sind, weil sie materiell wenig oder gar nichts aufzuweisen haben. Wir alle, liebe Freunde, spüren oft, daß das Materielle nicht das Wichtigste im Leben ist. Viel bedeutsamer ist es doch, daß wir Freunde haben, daß wir zusammenhalten und füreinander da sind, und zwar nicht nur mit Worten, sondern auch im konkreten Leben. Ich meine, gerade in einer Welt, die oft so oberflächlich mit den einzelnen Menschen umgeht, brauchen wir Persönlichkeiten, die sich zutrauen, dem anderen wieder neue Lebensperspektiven geben zu können. Und hier zählt allein das gute Herz, der selbstlose Einsatz und das vorurteilsfreie Aufeinanderzugehen.

Das Evangelium vom Senfkorn kann uns hier viel Optimismus vermitteln für unseren konkreten Alltag: Dieses kleine, schwache Samenkorn wird größer als alle Samengewächse, wenn es nur die anfängliche Tatsache der Kleinheit erträgt. Ist es nicht auch in unserem Leben so? Besonders dann, wenn wir nicht so leben und handeln können, wie wir es gerne wollten, sei es durch körperliche Behinderung oder durch persönliches Leid und Enttäuschung. Ja, ich glaube, wir können unser Leben tatsächlich mit diesem Senfkorn vergleichen. Oft werden wir nach äußeren Dingen beurteilt, *ver*urteilt und abgestempelt. Dabei ist in uns *allen* die Möglichkeit vorgegeben, wie das Senfkorn über uns und unsere „Kleinheit“ und Behinderung hinauszuwachsen, indem wir den anderen annehmen, wie er ist, indem wir Zeit für ihn haben und diese Zeit verschenken, indem wir Geduld und Achtung aufbringen. Werte, die das Leben tragfähig machen und die viele Menschen entbehren müssen.

Hier sehe ich gerade *die* Chance für Menschen mit einer Behinderung. Dabei seid ihr dann nicht nur Gebende, sondern auch Empfangende. Ihr wachst über euch und eure Situation hinaus, ihr bekommt eine andere Lebensperspektive, wie das kleine Senfkorn. Wir alle müssen nur immer wieder unsere Kleinheit, unsere Winzigkeit ertragen und annehmen. Für euch Körperbehinderte heißt das: Ihr müßt euch *so* annehmen, wie ihr seid, auch eure Behinderung, eure Begrenztheit, ohne an Minderwertigkeitskomplexen zu leiden. Denkt an das Senfkorn!

In unserer Welt wird Körperlichkeit überbewertet. Die gute, unverdorbene

Seele ohne Falsch und Hinterlist, die wir alle haben sollten, ist ein unvergleichlich höheres Gut. Und aus dieser Seele kann so viel Gutes und Liebes erwachsen, daß auch ein behindertes Leben — gleichgültig in welcher Form — spannend und schön sein kann.

So wie die körperlich Behinderten ihr Schicksal meistern, wie sie — trotz allem — fröhlich und glücklich sein können, so sollten auch die Gesunden ihr Leben dankbar annehmen, auch dann, wenn nicht immer alles so läuft, wie man sich das denkt.

Vergessen wir nicht das kleine Senfkorn: Nur weil es sich so annimmt, ja annehmen muß, wie es beschaffen ist, kann aus ihm die großartige Pflanze werden.

Schließlich können sogar „die Vögel des Himmels in seinen Zweigen nisten". Das ist genau das Thema unseres Gottesdienstes: *Wenn* wir uns so annehmen, wie wir sind, dann können viele Menschen bei uns Geborgenheit, Verständnis und Heimat finden, dann zählt nicht mehr äußere Hilflosigkeit, sondern nur noch unser gutes, brüderliches Herz, das bereit ist, anderen „Schatten" zu spenden.

Ich wünsche uns allen die schöne Erfahrung, gebraucht zu werden, helfen zu dürfen. Dann hat es auch wirklich einen Sinn, auf uns zu achten, „auf jeden Regentropfen ängstlich zu achten, daß er uns nicht erschlägt".

**Fürbitten**

Guter Vater, Jesus hat uns einen neuen Himmel und eine neue Erde versprochen. Es ist unser Auftrag mitzuhelfen, dieses Versprechen zu realisieren. So bitten wir dich:

— Schenke allen Menschen, die ihre Lebensorientierung und ihre Lebensfreude verloren haben, wieder einen konkreten Sinn in ihrem Leben.
— Laß besonders die körperlich Behinderten ihr Schicksal annehmen und in ihrem Leben viele Möglichkeiten einer sinnvollen Gestaltung entdecken.
— Gib den Gesunden die Einsicht, daß ihr Leben vor dir nicht wertvoller ist, und gib ihnen die Bereitschaft, ohne Vorurteile mit den Behinderten zusammenzuleben.
— Schenke den Einsamen, Alten und Kranken neue Hoffnung, und stelle ihnen hilfsbereite Menschen zur Seite, die nicht nur Worte machen, sondern auch ganz konkret helfen.
— Wir empfehlen dir besonders die vielen Opfer des Terrors, der Gewalt und des Straßenverkehrs.

– Wir bitten für uns selber, daß unser Herz offen sein möge für die Nöte des Nächsten.

Guter Vater, erhöre die Bitten, die wir vor dich gebracht haben, und auch jene, die jeder still und unausgesprochen im Herzen trägt. Amen.

### Gabengebet

Guter Gott, wir erwarten mehr vom Leben als persönliches Glück, Ehre und Zufriedenheit. Wir wollen die Chance haben, füreinander dazusein, einander zu helfen und zu lieben. Wir bitten dich: Verwandle mit den Gaben von Brot und Wein auch unsere Welt und auch uns. Erhöre unser Gebet durch Christus, unsern Herrn. Amen.

### Zum Friedensgruß

Der Friede des Herrn sei allezeit mit euch!

Reicht einander die Hand als Zeichen des Friedens, der Freundschaft und der Bereitschaft, einander Halt und Stütze zu sein.

### Schlußgebet

Herr, unser Gott, Hoffnung auf eine glückliche Zukunft bedeutet nicht Träumerei. Wenn du bei uns bleibst, haben wir, wie das winzige Samenkorn, eine echte Chance, über uns hinauszuwachsen. Schenke uns dieses Glück, damit wir anderen Menschen helfen können: allen, denen es schlecht geht und die unsere Hilfe brauchen, und allen, denen es gut geht, damit sie ihre Augen offen halten und „Angst" bekommen vor den Regentropfen. Darum bitten wir durch Christus, unsern Herrn. Amen.

### Sendung / Segen

Liebe junge Christen, Mitleid an falscher Stelle wirkt verletzend. Unser Gottesdienst hat einen klaren Weg aufgezeigt, *wie* wir einander wirklich helfen können: Mit unserem guten Herzen werden wir sehr schnell erkennen, wo ei-

nen anderen Menschen der Schuh drückt. Laßt euch nicht entmutigen! Nehmt euch an — auch ein Senfkorn bietet, wie wir sahen, gute Chancen, das Leben zu verschönern: Im Schatten seiner Zweige können nach der geduldigen Phase des Wachsens die Vögel nisten.
In dieser frohen und begründeten Zuversicht segne und behüte euch der allmächtige Gott, der Vater, der Sohn und der Heilige Geist. Amen.

Gehet hin und haltet Frieden!

## Anregung zu weiterführenden Aktivitäten

In diesem Gottesdienst sollte deutlich geworden sein, daß das Gefühl, gebraucht zu werden, für die Behinderten von entscheidender Bedeutung ist. Im Anschluß an den Gottesdienst können die gesunden und körperlich behinderten Jugendlichen gemeinsam überlegen, wo und wie die Behinderten ihre Fähigkeiten einbringen können.
*Beispiele:*
— Nachhilfeunterricht für gesunde, aber schulisch schwächere Kinder und Jugendliche,
— Mithilfe bei der Vorbereitung von Jugendgottesdiensten, sonstigen Veranstaltungen, Basteln für einen Weihnachtsbasar usw.,
— Engagement vor allem in Gesprächsrunden, wie Bibelkreis, Teestube usw.
So wird über diesen Gottesdienst hinaus den Behinderten in Zusammenarbeit mit den Gesunden die Möglichkeit gegeben, wirklich die Erfahrung zu machen: Ich werde gebraucht, und deshalb nehme ich alle meine Kraft und Energie zusammen und versuche, diesem Auftrag gerecht zu werden. Damit wird eine Haltung eingeübt, die selbstverständlich genauso für die Gesunden gilt.

# Das Leben lieben — dem Leben dienen

## Für gesunde und geistig behinderte junge Christen

### Zum Inhalt dieses Gottesdienstes

Jeder Mensch hat sein eigenes Leben zu leben, jeder kennt dadurch verschiedene Lebensbereiche, Freuden, Sorgen, Probleme und Verhaltensweisen usw. Doch sind manche Gruppen dadurch gekennzeichnet, daß die zu einer bestimmten Gruppe gehörigen Menschen alle das gleiche Problem haben. Die geistig Behinderten sind eine solche Gruppe:
Sie sind unbedingt auf die Hilfe anderer Menschen angewiesen. Sie brauchen unser Verständnis, unsere Geduld, unsere Liebe. Sie können nur in kleinen Schritten lernen/denken, mit viel Übung, Zuwendung und Bestätigung, in kleinen Gruppen, mit besonderen Techniken und mit ansprechendem Material arbeiten. Sie brauchen Menschen, die ihnen die Liebe Gottes erfahrbar machen, um selbst ihr Leben Stück für Stück gestalten zu können, „ja“ zum Leben sagen zu können. Denn trotz ihrer geistigen Behinderung wollen sie lernen und mitleben, wollen sie sozusagen „das Leben lieben“.
„Das Leben lieben“ heißt sicherlich, Hoffnung zu haben. Diese Hoffnung, die Freude am Leben, lebt auch in diesen Menschen, sie muß aber durch unsere Hilfe besonders geweckt werden. Die Schöpfung ist dazu da, um Freude an ihrer Schönheit zu gewinnen, eine Schönheit, die auch für die Behinderten geschaffen wurde.
Ein Morgengebet eines afrikanischen Jungen sagt: „Ich werfe meine Freude wie Vögel an den Himmel.“ Darin könnte auch das Lebensgefühl eines geistig Behinderten münden, der durch seine Behinderung manches bestimmt nicht erfahren kann, dem aber über diese Behinderung hinaus keine behinderte, zusätzlich verklemmte Welt vorgesetzt werden sollte.

### Begrüßung / Eröffnung

Ich darf euch alle herzlich zu diesem Gottesdienst begrüßen. Besonders aber darf ich unsere geistig behinderten Freunde begrüßen!

Wir haben den heutigen Gottesdienst unter das Motto „Das Leben lieben“ gestellt. Woran denkt ihr eigentlich, wenn ich sage: „Ich darf das Leben lieben.“? . . .
Ich darf mich freuen über die Schönheit der Blumen, der Bäume und Sträucher, der Wiesen und Wälder, der Täler und Berge, der Flüsse und Seen.
Ich darf mich freuen über Sonne, Mond und Sterne.
Ich darf mich freuen über die Tiere, besonders über jene Tiere, die zu meinen besten Freunden gehören.
Ich darf mich über meinen Bruder, meine Schwester freuen. Ich darf zu ihnen sagen: Ich mag dich, ich möchte dich glücklich und fröhlich machen, ich möchte mit dir sprechen, lachen, weinen, spielen, essen, wandern, basteln, singen . . . ich darf dich so lieben, wie Jesus uns liebt.

**Kyrie**

Guter Vater, oft verstehen wir nicht, was du uns sagen willst.
Herr, erbarme dich unser.

Du hast dich besonders der Schwachen angenommen.
Christus, erbarme dich unser.

Jesus, du hast uns versprochen: „Ich bin bei euch alle Tage bis zum Ende der Welt.“
Herr, erbarme dich unser.

**Lesung**

Dann sprach Gott: Laßt uns Menschen machen als unser Abbild, uns ähnlich. Sie sollen herrschen über die Fische des Meeres, über die Vögel des Himmels, über das Vieh, über die ganze Erde und über alle Kriechtiere auf dem Land. Gott schuf also den Menschen als sein Abbild; als Abbild Gottes schuf er ihn. Als Mann und Frau schuf er sie. Gott segnete sie, und Gott sprach zu ihnen: Seid fruchtbar, und vermehrt euch, bevölkert die Erde, unterwerft sie euch, und herrscht über die Fische des Meeres, über die Vögel des Himmels und über alle Tiere, die sich auf dem Land regen. Dann sprach Gott: Hiermit übergebe ich euch alle Pflanzen auf der ganzen Erde, die Samen tragen, und alle Bäume mit samenhaltigen Früchten. Euch sollen sie zur Nahrung dienen. Allen Tieren des Feldes, allen Vögeln des Himmels und allem, was sich auf der

Erde regt, was Lebensatem in sich hat, gebe ich alle grünen Pflanzen zur Nahrung. So geschah es. Gott sah alles an, was er gemacht hatte: Es war sehr gut. Es wurde Abend, und es wurde Morgen: der sechste Tag.
*Gen 1,26—31*

## Evangelium

Mit dem Himmelreich ist es wie mit einem Schatz, der in einem Acker vergraben war. Ein Mann entdeckte ihn, grub ihn aber wieder ein. Und in seiner Freude verkaufte er alles, was er besaß, und kaufte den Acker. Auch ist es mit dem Himmelreich wie mit einem Kaufmann, der schöne Perlen suchte. Als er eine besonders wertvolle Perle fand, verkaufte er alles, was er besaß, und kaufte sie.
*Mt 13,44—46*

## Vorschläge zur aktiven Gestaltung

Die beiden folgenden Vorschläge zur aktiven Mitgestaltung durch die Jugendlichen sowie die daran anschließende Ansprache sind als alternative Möglichkeiten zu betrachten, von denen nur eine realisiert werden soll. Gerade im Hinblick auf die Beteiligung geistig Behinderter ist darauf zu achten, daß der Gottesdienst nicht zu lange dauert.

1. *Ich schenke — ich schenke dem anderen Freude — ich zeige ihm, daß ich ihn mag, ihn liebe — ich liebe sein Leben.*

Der Priester oder ein Mitglied der Vorbereitungsgruppe spricht die geistig behinderten Jugendlichen sowie die übrigen Gottesdienstteilnehmer an:
Stell dir einmal vor: Du hast einen Freund, und dem möchtest du etwas schenken. Was würdest du ihm schenken? Wem würdest du etwas schenken? Wie würdest du etwas schenken?
Ihr könnt das mit Farben malen, mit Knetmasse formen, oder ihr könnt es spielen. Eurer Phantasie sind keine Grenzen gesetzt. (Entsprechende Materialien vorbereiten! Anleitung durch Helfer gewährleisten!)

Den Jugendlichen werden die Formen des Schenkens bewußt, die Freude, die man dabei für den Beschenkten empfindet:
— Ich kann meinem Nächsten etwas schenken.
— Ich kann schenken, was ich nicht brauche, aber der andere.
— Ich kann mit jemandem teilen, z. B. ein Stück Kuchen.
— Ich kann auf etwas verzichten, woran ich selbst Freude hätte, um einem anderen eine Freude zu machen.

2. *Gott hat die Erde für uns geschaffen. Wir dürfen uns über sie freuen.*
Wißt ihr, was Gott alles geschaffen hat? (Diese Frage steht aber nicht im Vordergrund, sie soll nur zum nächsten Punkt hinführen.)
Nun stellt euch vor, Gott hat nicht zuerst den Himmel und die Erde erschaffen, sondern den Menschen, und ihr, die Menschen, dürft nun die Erde gestalten. Was würdet ihr alles erschaffen?
(Es wäre sicherlich interessant, die Ideen der Kinder und Jugendlichen mit der Schöpfungsgeschichte bzw. mit der bestehenden Schöpfung zu vergleichen, wenngleich sich die Jugendlichen im wesentlichen an der bestehenden Schöpfung orientieren dürften.)

## Ansprache
## Die Geschichte von Jimmy oder Wie man Radieschen pflanzt

Liebe Freunde,
Jimmy war so einer wie ihr, froh und mutig, aß gerne und liebte die Natur und seine Familie über alles.
Als es Frühjahr wurde, erinnerte sich Jimmy noch gut daran, wie lecker die Radieschen doch im letzten Sommer geschmeckt hatten. „Schön rot und knackig", summte Jimmy vor sich hin. „Das wäre doch gelacht, wenn ich die Radieschen nicht selbst anbauen könnte. Dann kann ich jeden Tag so ein leckeres Radieschen verzehren."
Jimmy holte sich Schaufel und Hacke aus dem Geräteschuppen und bereitete ein Beet, in dem er die Radieschen aussäen wollte. „Du, Mammi, kannst du mir Radieschensamen besorgen?" fragte Jimmy seine Mutter, denn schließlich mußte er noch den Samen aussäen, aus dem später dann einmal die Radieschen wachsen würden. „Ja, natürlich, aber soll ich dir nicht helfen, Jimmy? Du hast doch noch nie Radieschen ausgesät", meinte seine Mutter ganz besorgt.
„Ach, sehr nett von dir, Mammi, daß du mir helfen willst, aber das kann ich selber", antwortete Jimmy. „Wenn du meinst", sagte seine Mutter nur noch. In ihrem Herzen freute sie sich aber darüber, daß Jimmy selbst auf diese gute Idee gekommen war.
Mit großem Eifer säte Jimmy die Samenkörner in das vorbereitete Beet. Mit ganz viel Liebe wollte er seine Radieschen pflegen. Er hatte schon oft gesehen, daß die Leute ein Glasfenster über ein Beet legten. „Das ist bestimmt gut, damit die Körner nicht von einem Sturm weggespült werden", dachte Jimmy. Also legte Jimmy ein Glasfenster über das Radieschenbeet.
Tage vergingen, und es war immer noch nichts zu sehen. Doch Jimmy dachte still vor sich hin: „Wenn ich sie mit viel Liebe pflegen möchte, muß ich auch Geduld mit ihnen haben."

Es gingen wieder einige Tage vorüber, da — da zeigte sich endlich das erste Grün unter dem Glasfenster. „Die Radieschen blühen", freute sich Jimmy. Doch als Jimmy zum zweitenmal hinschaute, machte er eine seltsame Entdeckung: „Die Blüten schauen ja gar nicht alle gleich aus, und die Blätter sind so zackig und stachelig und nicht so sanft wie die Radieschenblätter."
Nun wußte sich Jimmy keinen Rat mehr und beschloß, seine Mutter zu fragen. „Du armer Kerl", sagte seine Mutti zu ihm. „Deine Radieschen haben gar kein Wasser bekommen. Da wächst nur Unkraut. Du mußt das Glasfenster abnehmen und das Beet gut begießen!"
Jimmy zeigte keine Spur von Traurigkeit. „Diesmal klappt es bestimmt", machte er sich Mut. „Ich werde sie kräftig gießen und das Unkraut herauszupfen." Jimmy säte nochmals den Radieschensamen aus und vergaß nicht, kräftig zu gießen. Und Jimmy meinte es so gut mit seinen Radieschen, daß er das Glasfenster nicht mehr auf das Beet setzte. „Die freuen sich bestimmt über jeden Tropfen Wasser, der vom Himmel kommt." Und wieder war Jimmys Freude riesengroß, als die ersten Radieschenblättchen aus der Erde guckten.
Kurz bevor eines Morgens der Schulbus kam, wollte Jimmy noch schnell seine Radieschen begießen, da erlebte er eine böse Überraschung: Schnecken in seinem Beet! Fast jedem Radieschen hatten sie die zarten, grünen Blätter abgefressen. „Wieder alles umsonst", schimpfte Jimmy auf die Schnecken und stampfte kräftig mit seinen Beinen auf den Boden.
Doch Jimmy zeigte nach diesem Schrecken auf dem Schulweg schon wieder neuen Tatendrang: „Bloß nicht den Mut verlieren! Von diesen frechen Schnecken lasse ich mich nicht in die Pfanne hauen. Ich weiß schon, wie ich es machen werde: Die Glasfenster kommen wieder auf das Beet, und morgens, mittags und abends werde ich meine Radieschen begießen. An schönen Tagen nehme ich tagsüber das Glasfenster ab, an sonnigen Tagen mache ich nachmittags neben dem Beet meine Hausaufgaben und passe darauf auf, daß mir niemand meine Radieschen abfrißt. Jawohl, so mache ich es!"
Kaum war Jimmy von der Schule zu Hause, riß er die angefressenen Radieschen heraus, lockerte noch einmal die Erde auf, säte die Radieschensamen in schönen Reihen aus und gab schließlich noch etwas Dünger hinzu. Mit großer Sorgfalt pflegte Jimmy seine Radieschen.
Und tatsächlich konnte Jimmy nach einigen Wochen seine knackigen Radieschen ernten. Jimmy aß die Radieschen aber nicht alleine. Zum Abendbrot pflückte er eine Schüssel voller Radieschen, aus der dann die ganze Familie aß. „Schon prima, wie gerne du deinen Garten hast, Jimmy! Du hast die Hoffnung nicht aufgegeben. Da kann ich noch einiges von dir lernen", lobte ihn seine Mutter.

Aber auch Jimmy wußte sich bei seiner Mutter zu bedanken: „Du hast viel Geduld mit mir gehabt und mir liebevoll einige wertvolle Tips gegeben."

Der Priester kann nun den geistig behinderten und gesunden Jugendlichen einige einfache, gefühlvolle *Fragen zu dieser Geschichte* oder zum Thema „Das Leben lieben" stellen.
Zum Beispiel:
— Wieso wollte Jimmy Radieschen pflanzen?
— Was mochte er noch gerne?
— Was hat er alles zum Radieschenpflanzen gebraucht?
— Wer hat ihm geholfen?
— Was war schuld, daß Jimmys erste Versuche nicht geglückt sind?
— Was hat euch alles an Jimmy gefallen?

*Abschlußgedanken zu dieser Geschichte*, von einem oder mehreren Jugendlichen vorgetragen:
Was können wir von Jimmy lernen?
— „Das Leben lieben" heißt: Mut haben, etwas zu machen, was man noch nie gemacht hat; Jimmy hatte noch nie Radieschen gepflanzt.
— „Das Leben lieben" heißt: Die Hoffnung nicht aufgeben und Geduld haben; erst beim dritten Anlauf konnte Jimmy Radieschen ernten. „Wenn ich sie mit viel Liebe pflegen will, dann muß ich auch Geduld haben", sagte Jimmy.
— „Das Leben lieben" können wir nur, wenn wir uns von anderen Menschen beschenken und helfen lassen und wenn wir selbst andere beschenken; Jimmy fragte seine Mutter um Rat, und er teilte die Radieschen mit seiner Familie.

**Fürbitten**

(GJ = geistig behinderter Jugendlicher, J = Jugendlicher)

Antwortvers: Schenke uns deine Hilfe.

GJ: Jesus Christus, gerne würde ich mehr Menschen finden, mit denen ich sprechen kann.
J: Herr, wir möchten gerne ohne Scheu auf unsere geistig behinderten Freunde zugehen.
GJ: Herr, wir wollen ohne Angst und mit Freude lernen.

J: Herr, wir wünschen unseren behinderten Freunden, daß man ihnen öfters ein „Dankeschön“ oder „Guten Tag“ sagt.

GJ: Wir begreifen nicht so schnell. Wir brauchen viel Verständnis und Geduld.

J: Herr, sorge du immer für Menschen, die sich um die Schwächeren kümmern.

GJ: Herr, schenke den Menschen ein Herz für die Behinderten.

## Gabengebet

Vater im Himmel, jedes Brot besteht aus vielen Körnern, und die Welt, in der wir leben, besteht aus vielen Menschen. Mit den Gaben von Brot und Wein bieten wir dir auch die Menschen an, besonders die, die für uns sorgen und lieb zu uns sind. Amen.

## Zum Vaterunser

Jeder Mensch liebt seinen Vater, in seiner Nähe braucht man keine Angst zu haben. Gott ist unser Vater, er ist immer in unserer Nähe, und wir brauchen keine Angst zu haben. Zu ihm wollen wir jetzt beten: Vater unser . . .

## Zum Friedensgruß

GJ:
Ich kann nicht so lernen,
so lesen,
so rechnen,
so sprechen,
so denken,
so behalten,
so begreifen wie du.
Ich bin froh um deine Hilfe.

J:
Ich kann mich nicht mehr so freuen wie du.
Ich weiß meine Gaben nicht mehr zu schätzen.
Für mich ist so vieles selbstverständlich.

Ich kann nicht mehr so staunen wie du.
Ich kann nicht mehr so fragen wie du.
Immer soll ich ganz kluge Fragen stellen.
Auch ich bin froh um dich.
Du bist für mich ein Schatz.

GJ + J:
Wir brauchen uns ganz einfach.
Darum reichen wir uns die Hände zum Friedensgruß!

(GJ = geistig behinderter Jugendlicher, J = Jugendlicher)

## Schlußgebet

Guter Vater, du liebst alle Menschen. Den Armen hast du besonders geholfen. In deinem Auftrag sollen die Menschen dafür sorgen, daß weiterhin den Behinderten, den Schwächeren und Bedrohten geholfen wird.
Wir möchten gerne die Welt noch besser kennenlernen, auch wenn es uns oft nicht leichtfällt. Wie Jimmy brauchen wir viel Geduld. Wir brauchen nicht am Leben zu verzweifeln. Wir dürfen das Leben lieben, denn du hast uns versprochen: „Ich bleibe bei euch alle Tage bis ans Ende dieser Welt!"
Darum bitten wir dich durch unseren Herrn Jesus Christus. Amen.

## Segen

Liebe Freunde, der Gottesdienst mit euch war schön! Er hat mir sehr gut gefallen, und ich danke euch von ganzem Herzen. Ihr könnt davon überzeugt sein, daß auch Jesus sich über euch freut und daß er gerne euer Freund sein will. So segne euch der allmächtige Gott, der Vater und der Sohn und der Heilige Geist. Amen.

Gehet hin, und bleibt einander in Frieden verbunden!

## Zum Abschied

Wenn der Gottesdienst in der entsprechenden Jahreszeit stattfindet, kann den geistig behinderten und gesunden Jugendlichen zum Abschluß des Gottesdienstes ein Radieschen „von Jimmy" mitgegeben werden.

## Verzeichnis der Bibelstellen



## Quellennachweis

Seite 35: Aus: Wilhelm Willms, der geerdete himmel, Verlag Butzon & Bercker, Kevelaer $^{6}$1983.

Seite 42: Aus: Peter Karner, Weil der Himmel heiter ist. Guten-Tag-Geschichten, Gütersloher Verlagshaus Gerd Mohn, Gütersloh 1980, © by Peter Karner.

Seite 87: Aus: Peter Boekholt, Im Gegenwind. Leben ins Gebet genommen, Verlag Butzon & Bercker, Kevelaer 1984.

Seite 120: Aus: Peter Boekholt/Norbert Johannes Hofmann, Lebensmosaik. Bausteine zum Gebet, Verlag Butzon & Bercker, Kevelaer 1985.

Seite 178: Aus: Wilhelm Willms, meine schritte kreisen um die mitte. neues lied im alten land, Verlag Butzon & Bercker, Kevelaer 1984.

Seite 184: Zitat aus: Bertolt Brecht, Gesammelte Werke. Band 9. Gedichte 2, Suhrkamp Verlag, Frankfurt/Main 1967.

Alle in diesem Buch abgedruckten Bibelstellen sind entnommen aus: Die Bibel. Altes und Neues Testament. Einheitsübersetzung, © Katholische Bibelanstalt, Stuttgart 1980.